中国道路及其本源意义

韩庆祥 著

中国社会科学出版社

图书在版编目（CIP）数据

中国道路及其本源意义 / 韩庆祥著. —北京：中国社会科学出版社，2019.11（2021.3 重印）

ISBN 978 – 7 – 5203 – 5034 – 1

Ⅰ. ①中… Ⅱ. ①韩… Ⅲ. ①中国特色社会主义—社会主义建设模式—研究 Ⅳ. ①D616

中国版本图书馆 CIP 数据核字（2019）第 204280 号

出 版 人	赵剑英
责任编辑	王 茵
责任校对	杨 林
责任印制	王 超

出　　版	中国社会科学出版社
社　　址	北京鼓楼西大街甲 158 号
邮　　编	100720
网　　址	http：//www.csspw.cn
发 行 部	010 – 84083685
门 市 部	010 – 84029450
经　　销	新华书店及其他书店

印刷装订	北京君升印刷有限公司
版　　次	2019 年 11 月第 1 版
印　　次	2021 年 3 月第 3 次印刷

开　　本	710×1000　1/16
印　　张	17.5
字　　数	195 千字
定　　价	79.00 元

凡购买中国社会科学出版社图书，如有质量问题请与本社营销中心联系调换
电话：010 – 84083683
版权所有　侵权必究

目　　录

引　言 …………………………………………………………（1）

第一章　中国道路为世界做出的历史贡献 ………………（3）
　一　中国道路的生存性贡献 ………………………………（3）
　二　中国道路的发展性贡献 ………………………………（6）
　三　中国道路的制度性贡献 ………………………………（10）
　四　中国道路的文化性贡献 ………………………………（14）
　五　中国道路的和平性贡献 ………………………………（17）

**第二章　从学理上研究中国道路的核心内容及其
　　　　　本源意义** ……………………………………………（19）
　一　对"道路"的探寻是贯穿马克思主义发展史的
　　　一条根本主线 ………………………………………（19）
　二　运用"五定"总体框架揭示中国道路的核心
　　　内容及其生成机制 …………………………………（24）
　三　中国道路具有本源意义 ……………………………（35）

第三章　大国成为强国需要为世界贡献"中国理论" （72）
  一　把理论创新置于实现强起来的应有位置 （73）
  二　理论力量必须用理论力量来摧毁 （75）
  三　深入把握中国理论及其构建路径 （79）

第四章　强国时代、强国逻辑需要强国理论（上） （84）
  一　解读"强国时代"：中国发展起来以后使大国成为强国 （85）
  二　理解"强国逻辑"：总体—具体—实现—保证 （115）

第五章　强国时代、强国逻辑需要强国理论（下） （135）
  一　构建"强国理论"：核心要义和历史地位 （135）
  二　习近平新时代中国特色社会主义思想的本质特征 （138）

第六章　构建"中国理论"需要确立"学术自我" （155）
  一　承载时代使命和回归学术本质 （156）
  二　基于当代中国发展的现实逻辑研究中国问题 （160）
  三　建构面向现实逻辑和中国问题的话语体系 （167）

第七章　应基于中国道路构建当代中国的核心理论 （172）
  一　中国道路蕴含"三种根本机制" （172）
  二　作为一种普遍存在的"三种根本机制" （177）

三 "三机制论"是中国为解决中国问题和人类
　　　　问题贡献的中国理论 …………………………………（187）

第八章 用中国话语表达中国理论 ………………………………（215）
　　一 意识形态建设的落脚点是中国话语和中国
　　　　理论建设 …………………………………………（215）
　　二 话语权的本质是制定话语标准的权力 …………………（218）
　　三 话语权的基础是国家综合实力的呈现和人民
　　　　群众认同的表达 ……………………………………（223）
　　四 中国话语建设的基本问题是"生产—表达—
　　　　传播—影响—供给—自信" ………………………（226）

第九章 中国道路蕴含中华新文明 ………………………………（232）
　　一 西方文明难以破解当今世界困局 ………………………（232）
　　二 中国为破解世界难题贡献"中国道路" ………………（235）
　　三 中国道路蕴含正在生成的中华新文明 …………………（238）
　　四 正在生成的中华新文明是世界历史
　　　　意义上的文明 ……………………………………（241）

结　语　我是如何走向研究中国道路及其本源意义之路的
　　　　——从"生成论哲学"到"人学""能力本位"
　　　　　"社会层级结构"再到"中国道路" …………………（243）
　　一 厚集理论基石：马克思的生成论哲学 …………………（243）

二　夯实学术根基：人学研究 …………………………（245）

三　产生社会影响：能力本位论 ……………………（247）

四　深度现实关切：社会层级结构理论 ……………（250）

五　回归本质属性：马克思主义整体性研究 ………（252）

六　用学术讲政治：习近平新时代中国特色
　　社会主义思想研究 …………………………………（257）

七　追溯原点本源：走向研究中国道路及其
　　本源意义之路 ………………………………………（270）

引　　言

"中国道路",不仅指中国特色社会主义道路,而且主要指中国特色社会主义道路。

"中国道路",是国内外理论界、学术界较为关注的一个重大问题。中国理论界、学术界对"中国道路"问题更加关注,时常把"中国道路"看作一个根本性问题。

然而,迄今为止,由于人们多把"中国道路"看作一个政治问题而非学术问题,因而还没有真正从学术上、学理上对此加以深入研究、理解,致使"中国道路"成为熟知却并非真知、知其然而不知其所以然一类的问题。

首先要把"中国道路"看作政治问题。然而,如何把"中国道路"也看作一个学术问题,进而把"中国道路"由政治话语转化为学术话语?如何从学理上深入理解和把握"中国道路"及其重大意义?翻阅大量相关文献我们发现,至今学术界还未完全并真正解决好这些问题,因而还未从学理上对"中国道路"给出一个精准、精练、彻底与合乎逻辑、令人信服的圆满阐释,也未认识到"中国道路"所具有的本源意义。笔者认为,一旦把"中国道路"也看作一个学术问题,进而从学理上加以深入探讨,不仅有助于从外延上拓宽"中国道路"问题研究的广阔学术空间，而且有助于从根本上深刻认识到"中国道路"所具有的本源意义。

本书的主要目的，就是把"中国道路"置于"中国奇迹——中国道路——中国理论——中国话语"的总体框架中，力求从学术、学理上真正厘清"中国道路及其本源意义"，并力求用"中国道路"解释"中国奇迹"，用"中国理论"阐释"中国道路"，用"中国话语"表达"中国理论"，从而将"中国道路"问题的研究引向深入。

通过研究可以发现，中国特色社会主义道路蕴含着当代中国发展的三种根本因素或三种根本机制，即动力（机制）、平衡（机制）和治理（机制）。这三种根本因素或三种根本机制在当代中国发展进程中普遍存在，是影响和制约当代中国发展命运的深层次的根本因素或根本机制，也是当代中国发展取得重大成就并创造中国奇迹、促进中国成功的核心密码。从中国特色社会主义道路中提炼概括出的"三机制论"，可以看作是中国特色社会主义道路为解决中国问题、乃至世界问题所贡献的"中国理论"。

第一章

中国道路为世界做出的历史贡献

几十年前，思想先辈就希望中国对世界做出贡献。梁漱溟曾问："中国以什么贡献给世界？"几十年后，中国共产党人带领中国人民走出了一条"中国道路"，这是中国贡献给世界的珍贵礼物。"中国道路"具有独特优势，"中国道路"的不断发展，能为解决人类问题贡献中国智慧和中国方案，因而要坚定道路自信。从总体上讲，中国道路能为世界做出"生存性贡献""发展性贡献""制度性贡献""文化性贡献""和平性贡献"。正是由于这些贡献，使"中国道路"具有十分重要的世界意义。这里所讲的"中国道路"，首要是指中国特色社会主义道路。

◇◇ 一 中国道路的生存性贡献

中国道路使中国主要依靠自己的力量解决了中国人的生存问题，即它解决了占世界总人口约 1/4 的中国人的吃饭问题，这是生存性贡献。

改革开放之初，占世界总人口约 1/4 的中国人的吃饭问题是首要问题。不解决中国人的吃饭问题，中国乃至整个世界都难以安定；解决不了中国人的吃饭问题，就意味着贫穷的普遍化，而在极端贫困的情况下，就必然重新开始必需品的争夺，也就是说，陈腐的东西就会死灰复燃。由此，马克思、恩格斯指出：物质生活资料的生产是一切历史的第一前提。因为人们为了能够创造历史，就必须能够生活，为了生活，首先就需要吃、喝、住、穿以及其他一些东西。因此，吃、喝、住、穿是人的第一需要，满足这一需要的物质生活资料生产是人类的第一个历史活动。由此，恩格斯指出，像达尔文发现有机界的发展规律一样，马克思发现了人类历史的发展规律，即历来为繁芜丛杂的意识形态所掩盖着的一个简单事实：人们首先必须吃、喝、住、穿，然后才能从事政治、科学、艺术、宗教等；所以，直接的物质生活资料的生产是一个民族或一个时代的一定经济发展阶段的基础，人们的国家设施、法的观点、艺术以至宗教观念，就是从这个基础上发展起来的。①

中国道路最本质的特征，是坚持中国共产党领导，其追求的根本目标之一，是逐步实现全体人民共同富裕。中国共产党的执政理念是立党为公、执政为民，中国共产党的根本宗旨是全心全意为人民服务，中国共产党把人民对美好生活的向往作为奋斗目标。这一

---

① 《马克思恩格斯选集》第 1 卷，人民出版社 1995 年版，第 86 页；《马克思恩格斯选集》第 3 卷，人民出版社 1995 年版，第 776 页。

理念、宗旨和目标的具体体现，就是首先解决中国人的吃饭问题即挨饿问题。为此，中国共产党在20世纪80年代党的十三大上，提出了"三步走"战略：第一步，1981年到1990年实现国民生产总值比1980年翻一番，解决人民的温饱问题，这在20世纪80年代末已基本实现；第二步，1991年到20世纪末国民生产总值再增长一倍，人民生活达到小康水平；第三步，到21世纪中叶，基本实现现代化，人均国民生产总值达到中等发达国家水平，人民过上比较富裕的生活。然后在这个基础上继续前进。在20世纪90年代党的十五大上，中国共产党又根据变化了的实际，提出了21世纪中国社会发展的"三步走"设想：第一个十年实现国民生产总值比2000年翻一番，使人民的小康生活更加宽裕，形成比较完善的社会主义市场经济体制；再经过十年的努力，到建党一百年时，使国民经济更加发展，各项制度更加完善；到21世纪中叶新中国成立一百年时，基本实现现代化，建成富强民主文明的社会主义国家。党的十九大指出，从2018年到2020年，要决胜全面建成小康社会，要"决胜"，就必须打好"三大攻坚战"，即防范风险、精准脱贫、污染防治。其中所讲的精准脱贫，就意味着到2020年，中国要彻底解决贫穷问题，具体说，就是要在彻底解决吃饭问题的基础上达至全面建成小康社会。这就彻底解决了中国人的生存问题。进而，从2020年到2035年，在全面建成小康社会的基础上，再奋斗15年，基本实现社会主义现代化，这比原来构想的提前了15年。这是多么了不起的贡献！

历史和实践证明，中国道路使中国人靠自己的力量真正解决了中国人的吃饭问题，中国以仅占世界7%的耕地养活了占世界19%左右的人口。联合国一份报告称，全球仍有超过8.2亿人处于饥饿状态，到2030年实现零饥饿目标是一个巨大挑战。报告发现，在许多经济增长出现放缓的国家，饥饿水平正在上升，中等收入国家以及大量依赖大宗商品出口的国家尤其如此。这份报告由联合国粮农组织、国际农业发展基金会、联合国儿童基金会、世界粮食计划署和世界卫生组织共同撰写。① 在这种情况下，中国能解决全民脱贫问题，这对整个世界是一种巨大的生存性贡献，也是反贫困问题上的"中国贡献"。

◇ 二 中国道路的发展性贡献

当今，中国道路使中国人的生活总体上达到了小康水平，2020年，要全面建成小康，在此基础上，还要不断促进人的全面发展。这既有利于拓宽世界在中国的市场，为世界发展创造机会，也有利于世界共享中国的发展成果，这是发展性贡献。

这种发展性贡献与中国道路直接相关。中国道路表明，中国共产党可以发展中国。中国共产党具有独特优势：一是基于科学决策，可以有效动员、组织国家一切资源和力量解难题、办大事、加速度。二是注重立足中国基本国情，能从中国具体实际出发解决中

---

① 《联合国报告称逾8.2亿人"挨饿"》，《参考消息》2019年7月17日第8版。

第一章　中国道路为世界做出的历史贡献

国发展问题，正确处理中国特色社会主义建设进程中一系列复杂的矛盾关系。三是注重学习，善于总结经验教训，勇于自我革命和开拓创新。它积极学习世界各个国家一切文明的有益成果，如"市场经济""国家治理"等。这既可激发经济发展活力，也可促进社会和谐，还可使中国共产党不断超越并克服自身的局限，呈现出强大的生命力。四是它既一脉相承地坚持马克思主义、社会主义的政治立场，同时又与时俱进地适应新时代、新环境的变化而不断开拓创新。五是它努力反映社会历史发展规律和趋势，不断确定具有动员和凝聚作用的战略目标，具有战略定力。显然，这些独特优势不仅能解决中国人的吃饭问题，而且能极大推进中国发展。中国道路表明，中国特色社会主义可以发展中国。中国特色社会主义是党和人民在长期实践中形成和发展起来的，具有独特优势：它注重从客观实际出发，立足中国国情，具有实践基础，不浮漂；它注重"一元主导"，坚持社会主义根本政治原则，具有正确导向，不改旗[①]；它注重"二基结合"，强调改革发展历史进程中基本的矛盾双方的结合、协调，具有可持续性，不摇摆[②]；它注重"自主创新"，实施创新驱动，具有动力作用，不懈怠；它注重原则性和灵活性的统一，能有效解决改革发展进程中的问题，蕴含着治国理政的政治智慧，不僵化；它以经济建设为中心，注重解放和发展社会生产力，把发展看作硬道理，把实现社会主义现代化作为推进当代中国发展的根

[①] 所谓注重"一元主导"，就是坚持中国共产党领导。
[②] 所谓注重"二基结合"，就是注重中国特色社会主义建设、发展进程中所出现的一系列基本矛盾双方的结合，如效率和公平、又快又好、经济全球化和独立自主等。

本路径，集中解决社会主要矛盾，使中国人民聚精会神搞建设，一心一意谋发展，使中国发展取得巨大成就，不折腾；它以实现社会主义现代化、实现中华民族伟大复兴的中国梦为总任务，把统筹推进"五位一体"总体布局、协调推进"四个全面"战略布局作为实现这一战略目标的总体方略，不迷失。显然，这些独特优势能极大促进中国发展。中国道路表明，改革开放是发展中国家走向现代化并追赶世界发展水平的根本动力和重要法宝。发展中国家所要实现的现代化目标是很宏伟远大的。然而，实现这一目标却遇到了种种体制机制弊端和僵化思想观念的阻碍。只有不断改革这些体制机制和破除这些思想观念，国家才能顺利走上现代化发展之路。因此，自1978年以来，中国共产党人积极推进改革开放，推动了中国发展，终于在2010年使中国成为世界第二大经济体。中国道路表明，正确把握现代化发展进程中改革发展稳定的关系、政府市场社会的关系，对解决发展问题尤为重要。在社会生产力水平相对低下时期，发展就是硬道理，需要利用市场经济和市场机制的力量，其中动力机制尤为重要。要发展就必须进行改革，即破除影响发展的体制机制障碍，建立良好的治理机制，这时，转变政府职能并更好地发挥政府的作用就显得十分重要。在改革发展进程中，尤其是相对发展起来以后，社会进入矛盾多发期，稳定问题会凸显出来。这时，注重发挥平衡机制的作用，同时积极调动社会力量，就显得相对突出。所以，在实现社会主义现代化进程中，需要正确把握好改革发展稳定的关系、政府市场社会的关系，充分发挥好动力机制、平衡机制和治理机制的作用，并使三种机制达到协调、优化，从而获得快速、健康的发展。实际上，中国提出的计划与市场相结合、市场经济与社会主义相结合、"看得见的手"与"看不见的手"相结合的理论及其后来的实践，是对当今世界包括广大发展中国家，在寻求经济发展道路上的重要贡献。中国道路表明，中国特色社会主义道路不断发展，拓展了发展中国家走向现代化的途径，给世界上那些既希望加快发展又希望保持自身独立性的国家和民族提供了全新选择。

中国发展本身就是对世界的一种发展性贡献。中国的发展，既为整个世界贡献了诸多低成本的日常生活消费品和高技术含量的中国制造产品，如在世界许多国家，我们都可以看到由中国生产的日常生活消费品，中国高铁"走出去"，也是为世界所做的贡献；又拓宽了世界在中国的市场发展空间；也为发达国家的资本获取利好提供了机会；还能使一些国家共享中国发展的成果。中国提出的"一带一路"合作倡议，可以使沿带沿路、沿途沿线的国家从中受益。中国已成为世界最大贸易国，如果继续保持这个势头，中国将为世界提供巨大市场。因而，把中国发展的事情做好，就是对世界发展的最大贡献。阿联酋《国民报》2019年7月15日发表文章强调指出："崛起的中国惠及我们所有的人。"[1]

---

[1] 《"崛起的中国惠及我们所有人"》，《参考消息》2019年7月17日第6版。

◇ 三 中国道路的制度性贡献

短短数十载，中国发展就取得了巨大成就，而这样的成就是在应对国内外诸多矛盾、难题、风险、挑战下取得的，确实来之不易，更能彰显其制度的品质与优势。中国幅员辽阔但地区差异巨大，发展极不平衡；人口众多但资源紧张；文化悠久但历史负担较重；民族多样但民族文化差异较大。因此，相对于其他国家而言，中国国家治理的境况更加错综复杂，治理的难度较大。就国际形势而言，国际竞争日趋激烈，共赢空间不断被压缩。这使得中国自身的发展轨迹和逻辑也一再受到干扰和挑战。然而，在全球化时代，中国又必须与国际社会合作，并融入其中，在狭窄空间中闪转腾挪、纵横捭阖。就世界大势而言，现代社会相对于传统农业社会显得更加复杂，变迁更加剧烈迅速，它面临着不可回避也无法逆转的观念多元和技术进步日新月异的挑战，中国必须在"时空压缩"条件下、在观念多元撕扯下追赶工业化、信息化的步伐，其难度可想而知！在这样复杂的局面下，中国国家治理取得的成就更加来之不易，而这种长久、稳定且令人瞩目的发展，必然离不开其背后的制度力量。虽说制度必须符合国情，任何国家均需找到契合本国实际情况的制度，否则制度就不会发生效用；然则，任何具有生命力和发挥良性作用的制度，必然都有其普遍的意义和价值。中国制度亦不例外。即便不能说所有具体的制度细节都具有普遍意义，但中国成就彰显出的制度品质和优势，在观念层面上，至少对诸多发展中国家，或者一些试图摆脱发展困境、谋求稳定与增长的国家，具有一定意义上的借鉴价值。

在宏观上，中国道路的制度性贡献，主要体现在以下三个方面：

1. 丰富了世界发展模式和政治制度的多样性

中国制度的首要价值，是实事求是、因地制宜，根据自己发展的现实逻辑建章立制。它表明：区别于西方自由民主模式的中国制度也能带来成功的治理。第二次世界大战及冷战以后，长时间以来，西方大力推销其制度，似乎模仿西方是"唯一正道"。然而，一方面，照抄照搬移植其制度的国家大都未能走向富强和稳定，反而引起社会分裂动荡、经济疲软，致使贫富差距拉大，在中东、非洲、南美洲等地，几乎鲜有成功的案例；另一方面，西方大国自身也出现增长乏力、社会分化、民粹主义盛行等情境，因而逐渐显出衰退的迹象。这一发展轨迹警醒诸国，西方制度不具有普遍性，不一定带来良善治理；而制度选择应适合本国国情，一国既应根据其国情，包括人口规模、资源禀赋、发展阶段、历史传统、文化习俗、根本制度、民族宗教状况、周边国际环境，还要根据所面临的问题与挑战以及发展阶段和发展的阶段性目标，来建章立制。

有专家指出，制度及其效用往往与其"嵌入"的社会背景相关。制度要生根、生效，就必须适应、契合"先在"的文化习俗、历史传统和制度背景等。后者的影响潜移默化且根深蒂固，会产生巨大的文化和制度惯性，并反过来塑造其中的制度：一来在"生产端"会影响制度的设计及建构，新生制度由其塑造并需与之契合；二来在"产出端"会制约制度的落实和效果的发挥。[1] 此时中国迥异于西方而自主建立的一套适合自身状况的制度却产生了良好效果，一是打破了必须模仿、照搬西方模式才能成功的迷思；二是证明了制度只有符合本国实际且因地制宜，才能发挥效用；三是丰富了世界治理模式的多样性，既增强了其他国家走自主发展道路的信心，又为其他国家建构其发展道路与制度提供了借鉴。

2. 建立了一套后发国家的追赶型治理制度与发展模式

中国制度的本质特征，是建构一套权威的治国理政之制度体系，在政治参与和政治稳定之间保持动态平衡，在保持政治开放性和可参与性的同时，能够保证政治决策及其落实的权威；能够集中力量办大事，推动社会朝着正确的政治目标发展。对所有发展中国家而言，其面对的首要问题是发展和追赶。任何制度的建构都要依据、围绕其目标和重心，不能本末倒置，不能封闭僵化，不能过于超前，即超越自己的发展阶段。利益多元条件下的政治参与是道义目标，但不能过于激进，破坏追赶和发展所需的稳定的秩序环境和团结的共识状态。巴西就是典型的例子。[2] 发展中国家所面临的问题，需要靠一套有权威的制度来推进。这些国家需要权威力排众议，在分歧下寻求最大公约数，在此基础上做出重大决策，并坚定

---

[1] 参见王若磊《依规治党与依法治国的关系》，《法学研究》2016年第6期。
[2] [美]福山：《政治秩序与政治衰败》，毛俊杰译，广西师范大学出版社2016年版。

推进和执行。任何明智、清醒、审慎之人都应该有此种历史感和现实感。拥有稳定的政治权威、完善精密的行政体系、强劲有力的执行手段、审时度势的宏观调控能力，且统筹各方、超越分歧、负重前行，就能集中力量办大事，在多项选择和相互牵扯的目标之间选取最重要、最迫切的目标，并使之实现。这是发展中国家建构制度所需考虑的首要问题。

3. 保持了能够及时回应变化和挑战的制度弹性与可调适性

正如有的专家指出的，中国制度的根本经验在于，能够保持制度的适应性和灵活性，并根据战略目标和社会主要矛盾的变化，主动适应、自我调适，防止僵化封闭，能在变与不变、动与不动之间保持平衡。任何制度如果过于僵化，脱离了早已经变化了的现实，而不是适应现实逻辑的要求和重心的转移，那就必然束缚发展的进程，减缓发展的步伐。中国发展的一条经验就是，中国制度并不故步自封，而是不断自我革新、自我调适，不断去适应发展的现实逻辑，进而迸发出巨大的活力。相反，很多国家由于制度僵化，未能适应现实变化，结果造成了制度与现实脱节的政治衰败的窘境。这种自我调适也体现在制度的回应性上，即通过不断回应民众诉求和突出问题来自我调适和改进。现代社会新问题、新热点、新争议层出不穷，制度不可能对其无所不知，而是要不断自我改进、自我调适。有的学者指出：一个具有代表性的政府必须不只是可以由民众控制，也不只是可以增进公众的利益，还必须能对民众进行回应；一个具有代表性的政府必须存在能让被代表者表达其意愿的机制，同时这个政府还必须对他们的意愿进行回应,除非政府有很好的理由去违背他们的意愿。这里不需要存在持续的回应行为,但必须持续具有可以进行回应的条件,并时刻准备回应。具有代表性的政府是那种当民众具有某种意愿时,它就能够予以回应的政府。[①] 制度从来都不是依靠纯粹理性建构的言辞中的"城邦",特别是在发展日新月异的现代复杂社会,自然理性试错、不断纠正、缓慢建构、逐渐改进的过程才相对合理。想当然的制度革命和"休克疗法",不仅成本更高、代价更大,而且文化和制度中的惯性并不会使之带来新生,而更可能造成倒退。这一点已被人类经验反复证明。

◇◇ 四 中国道路的文化性贡献

中国道路向世界展示的贵和尚中、和而不同、天人合一的"仁义""和合"文化更具世界道义性,更具世界魅力,这是其文化性贡献。

这种文化性贡献与中国道路相关。中国道路是在马克思主义基本原理与中国具体实际相结合的过程中开创出来的,它既体现了马克思主义的基本原理,又具有中华传统优秀文化的基因。中国道路表明,发展着的马克思主义具有强大生命力,具有指导意义。自从苏联解体以后,有些人认为马克思主义过时了,对马克思主义失去

[①] [美]汉娜·费尼切尔·皮特金:《代表的概念》,唐海华译,吉林出版集团有限责任公司2014年版。

了信心。实际上，失去生命力的那种所谓的马克思主义，是被僵化教条化的马克思主义，不是与时俱进的马克思主义。中国共产党人在坚持马克思主义基本原理的前提下，把马克思主义基本原理与中国具体实际相结合，不断推进马克思主义中国化、时代化、大众化。这样的马克思主义不仅没有过时，而且焕发出勃勃生机和活力；它既增强了中国马克思主义在世界马克思主义研究中的影响力和话语权，也在理论上提高了中国意识形态在世界上的影响力和吸引力。这是中国道路对"意识形态"的一种文化性贡献。中国道路表明，人类文明具有多样性，而中国道路所蕴含的"仁义""和合"的本质、本位文明，是不同于西方文明的一种新的文明类型。西方许多学者极力维护西方文明在世界上唯我独尊的地位，认为西方国家所推行的普世价值可以成为普遍性的文明规范，因而极力为西方主导的世界秩序之合理性提供理论基础，蔑视非西方世界的文明；他们往往用西方话语体系解读中国，不愿承认中国道路及其成功；他们竭力寻找中国发生危机的根源，认为中国政治体制不具备自我革新、自我调整的机制和能力。中国道路的成功，确证世界文明具有多样性，确证中国的"仁义""和合"文化及文明更具有道义性。中国道路所蕴含的世界观和价值观，既尊重个人平等发展，又注重社会和谐，也强调国家主权，还注重世界和谐，它强调"协和万邦""世界大同""休戚与共"，认为"独善其身"并不可取，"兼济天下"才是合理的自然秩序。显然，中国道路用"和平发展""合作共赢"标准来评判各种政体的表现，更具正当性、道义性、合理性。这种新型文明是多彩、平等和包容的。这是中国道路对

"世界文明"的一种文化性贡献。

中国道路表明，世界上的发展道路具有多样性，各个国家的发展道路具有自己的特殊性，因而它破除了对世界发展单一道路的迷信，为其他发展中国家提供了一种启示：应依照本国国情探索自身的发展道路。以坚持尊重历史发展规律和坚持人民主体地位相统一的哲学方法，来选择适合本国国情的发展道路是最根本的。中国道路是从中国客观实际出发认识中国国情而开辟的发展道路，符合历史发展规律与实践发展的逻辑：在中国搞社会主义，没有现成公式可以遵循，也没有既有模式可以照搬，必须走自己的路。由此，必须"在中国共产党领导下"并"立足中国国情"进行实践探索；要把握中国国情，就必须从客观实际出发；从客观实际出发认识中国国情，中国共产党得出一个对中国道路具有"总依据"意义的重大论断，即中国社会主义依然处在初级阶段；在这一阶段，其根本任务是"解放和发展社会生产力"；要解放和发展社会生产力，就既要利用"市场经济"，又要力求使经济、政治、文化、社会、生态达到全面协调和统筹兼顾，还要实行"改革开放"。可见，中国道路有其历史必然性。这条发展道路也体现中国人民的主体需求和价值追求，体现注重民生、民富、民和、民主的民本精神，注重促进人的全面发展，有其价值合理性。实践证明，注重发展与和谐相统一的中国道路具有鲜明优势，是促进中国发展的根本原因。这一中国道路因具有哲学基础且又蕴含"和而不同"的文化基因，因而是对确证"道路多样性"的一种文化性贡献。

◇◇ 五 中国道路的和平性贡献

中国道路正在使世界力量结构发生变化，促进力量转移，进而影响世界格局，促进世界多极平衡，有利于维护世界和平，这对解构"国强必霸"的逻辑是一种和平性贡献。

西方发达国家所倡导的发展道路具有三个理论支柱：强调个人权利和自由的自由主义，认为最好的制度是尊重个人自由的制度；以西方文明为中心的西方中心论，认为西方文明是真正的文明，西方标准就是世界标准，非西方世界应向西方标准看齐；两极对立的世界观，认为国家追求自我利益最大化符合自然秩序。显然，这种道路蕴含的是"两极对立"的思维方式，蕴含着"对立""冲突"、甚至发动"战争"的基因，因而不利于世界和平。这就是当今世界不够安定、不太和平的深层原因之一。中国道路既尊重个人权利、自由、平等和全面发展，又注重社会和谐，也强调国家富强，注重正确处理国家、社会和公民个体之间以及政府、市场和社会之间的关系；中国道路的世界表达，就是坚持走和平发展道路，既强调世界多极制约、世界大同、协和万邦、和平发展、合作共赢，反对单极独霸，又注重建构当今世界和平发展新秩序。就是说，中国道路强调世界是多极的而不是单极的，是合作共赢的而不是单极独霸的，是拒绝"国强必霸"的逻辑并反对围堵打压别国的。显然，中国道路有利于世界合作共赢、和平发展。在世界百年未有之大变局的情境下，这种中国道路对整个世界就是一种和平性贡献。中国和平发展影响着全球各个地区，不仅涉及一些世界性大国，也涉及亚、非、拉的许多发展中国家；不仅关乎世界金融、贸易和安全，也关乎国际机构和组织，包括联合国、世界贸易组织、二十国集团和八国集团等。中国和平发展已成为国际关系议事日程的重要组成部分。中国道路的和平性贡献主要在于：在中国和平发展的影响下，在20世纪90年代两极世界瓦解的背景下，美国建立单极世界的企图受阻，中国因素越来越有效地抑制美国的霸权主义行径；中国和平发展的重要努力之一是推动改革国际金融体系，这对巩固世界和地区安全且使更多国家成为国际政治进程的参与者发挥着积极作用；在人文领域，中国大力加强"软实力"建设，在全球努力塑造一个积极的中国形象。

中国道路也具有理论性贡献。这种理论性贡献，也是我们这部著作集中探讨的主题内容，这会从以下章节逐一展开。

以上贡献，既是为世界的，也是为中国的，亦可称之为"中国奇迹"。

第二章

从学理上研究中国道路的核心内容及其本源意义

中国道路为世界所做的贡献表明,可以用"中国道路"解释"中国奇迹"。不能把揭示"中国奇迹"的话语权交给西方,我们理应掌握解释"中国奇迹"的话语权。这种解释,首先应基于中国道路,并对中国道路给出理论上的论证,即用"中国道路"解释"中国奇迹"。因此,在逻辑上,就必须进一步对中国道路本身的核心内容及其本源意义进行全面而深入的学理剖析。

如前所述,我们一旦把"中国道路"看作一个学术问题,进而从学理上加以深入探讨,就会发现:它既可以从外延上拓宽"中国道路"问题的广阔学术研究空间,也可以使我们从根本上深刻认识到"中国道路"具有本源意义。

◇◇ 一 对"道路"的探寻是贯穿马克思主义发展史的一条根本主线

马克思主义发展史,到底是一种什么样的发展史?答案种种,然而，还没有哪一本著述把马克思主义发展史从根本上明确看作是对"道路"问题探寻的历史。我们来看看，马克思主义发展史从根本上到底是什么样的发展史。

空想社会主义之所以是空想，主要体现在两个方面。一是它对未来理想目标的设想没有建立在现实的基础之上；二是它关于未来理想目标的实现，较为注重人的理性、改良、道德教育、宣传舆论、天才人物的作用，没有真正找到切实可行的科学道路。于是，实现社会主义理想目标的道路问题，就成为需要后人继续深入探寻的一个根本性问题。

马克思、恩格斯把社会主义由空想变为科学，创立了科学社会主义。科学社会主义对空想社会主义的变革，主要体现在道路问题上。一是马克思、恩格斯把对未来理想社会之理想目标的设想建立在现实的基础上，这一现实，就是对社会基本矛盾的理解，就是对资本主义社会发展规律和人类历史发展一般规律的揭示；二是更为重要的，马克思、恩格斯找到了一条实现社会主义理想目标的根本路径，这就是《共产党宣言》所确立的：全世界无产者联合起来，通过无产阶级革命，消灭私有制，消灭剥削，进而解放无产阶级，解放全人类，促进每个人自由而全面发展。在马克思、恩格斯那里，科学社会主义就是关于无产阶级解放条件的学说，其核心就是致力于探寻实现社会主义、共产主义与人的自由全面发展的道路。

马克思晚年集中思考和研究的是东方社会跨越"卡夫丁峡谷"问题，其实质就是关于东方社会的发展道路问题。1867年，《资本论》第1卷出版后，俄国学者正在思考俄国废除奴隶制后向何处去的道路问题。他们对《资本论》中所提出的由封建生产方式向资本主义生产方式转变的历史必然性、对俄国农村公社的命运,尤其是俄国社会的发展道路等问题,展开了激烈争论。1881年初,俄国革命民主主义者查苏利奇致信马克思,希望马克思能说明对俄国农村公社的发展道路和发展命运的看法。马克思针对他提出的问题,也着重对东方社会发展"道路"问题进行了思考,并作了回应。①

列宁把科学社会主义由理论付诸实践。列宁领导的"十月革命",就是科学社会主义在俄国的具体实践。列宁在晚年,从实践到理论所探寻的根本主题,就是小农经济占优势的俄国向社会主义过渡的"道路"问题。列宁指出:当时俄国小农经济占优势。要使小农经济向社会主义过渡,必须利用国家资本主义。由此,列宁指出:"一切民族都将走向社会主义,这是不可避免的,但是一切民族的走法却不会完全一样,在民主的这种或那种形式上,在无产阶级专政的这种或那种形态上,在社会生活各方面的社会主义改造的速度上,每个民族都会有自己的特点。"② 这里所谓的"走法",实质上就是道路问题。

自1921年中国共产党登上中国历史舞台以后,马克思主义的发展,就具体体现为马克思主义基本原理与中国具体实际相结合及其发展历程,亦即马克思主义在中国的历史发展。"十月革命"一声炮响,给中国送来了马克思列宁主义。马克思主义在中国的历史发

---

① 马克思、恩格斯:《马克思恩格斯选集》第3卷,人民出版社2012年版,第908—919页。

② 列宁:《列宁专题文集·论社会主义》,人民出版社2009年版,第398页。

展进程，首先表现为马克思主义基本原理与中国革命具体实际相结合，这是在新民主主义革命时期实现的。这一次结合的核心问题，就是关于中国革命的道路问题。当时毛泽东和王明的争论，实质上就是关于中国革命走什么样的道路这一问题的争论。2014年4月1日，习近平同志在比利时布鲁日欧洲学院演讲时，回顾了当时中国是如何选择社会主义道路的："1911年，孙中山先生领导的辛亥革命，推翻了统治中国几千年的君主专制制度。旧的制度推翻了，中国向何处去？中国人苦苦寻找适合中国国情的道路。君主立宪制、复辟帝制、议会制、多党制、总统制都想过了、试过了，结果都行不通。最后，中国选择了社会主义道路。"[1]

1956年初，在中国社会主义基本制度将要确立这一历史时刻，毛泽东把在新中国如何建设社会主义的道路问题提到重要议事日程，成为以毛泽东同志为代表的中国共产党人所面对的最为紧迫的根本问题，这实际上也是马克思主义基本原理与中国社会主义建设具体实际相结合的问题。毛泽东同志强调指出："应该把马列主义的基本原理同中国社会主义革命和建设的具体实际结合起来，探索在我们国家建设社会主义的道路了。"[2] 这意味着：毛泽东特别强调要把马克思主义基本原理同中国社会主义建设的具体实际结合起来；这一结合的核心问题，就是应该独立思考中国自己的

---

[1] 习近平：《出席第三届核安全峰会并访问欧洲四国和联合国教科文组织总部、欧盟总部时的演讲》，人民出版社2014年版，第43页。

[2] 中共中央文献研究室编：《毛泽东年谱》第2卷，中央文献出版社2013年版，第550页。

社会主义建设道路问题；在这一问题上，中国共产党既反省、反思一定历史时段对"苏联模式"的照搬，又表明中国共产党在精神上具有一定的独立性和主动性。于是中国共产党强调要破除迷信，反对本本主义、教条主义。这次结合，毛泽东明确将其称之为"第二次"结合。毛泽东强调吸取苏共二十大的经验教训，"最重要的是要独立思考，把马列主义的基本原理同中国革命和建设的具体实际相结合"。对此，毛泽东深有体会地说："民主革命时期，我们在吃了大亏之后才成功地实现了这种结合，取得了新民主主义革命的胜利。现在是社会主义革命和建设时期，我们要进行第二次结合，找出在中国怎样建设社会主义的道路"，即"现在更要努力找到中国建设社会主义的具体道路"。① 第二次结合的主要理论成果，根据顾海良教授的研究，一是社会主义社会基本矛盾理论；二是统筹兼顾、注重综合平衡理论；三是以农业为基础、工业为主导、农轻重协调发展理论。在笔者看来，这其中最为核心的是社会主义社会基本矛盾理论。因为对社会主义社会基本矛盾及其性质的理解，是关系社会主义"如何搞法"的一个重大问题。这个问题，实质上就是社会主义建设的道路问题。

1978年中国开启改革开放和社会主义现代化建设新步伐以后，马克思主义在中国的发展就体现为马克思主义基本原理与新时期中国改革开放的具体实际相结合，这次结合的实质、核心，就是对实现社会主义现代化的道路问题的探究。根据历次党代会的主题，我

---

① 中共中央文献研究室编：《毛泽东年谱》第2卷，中央文献出版社2013年版，第557页。

们完全可以明确地把这条道路确定为中国特色社会主义道路。这既众所周知，也已成定论，无须累述。

党的十八大的召开，是马克思主义在中国发展的一个新的里程碑。新就新在，这是一个"中国特色社会主义新时代"，是"我国发展新的历史方位"，这是实现"强起来"的新时代，是中国由大国向强国实现伟大飞跃的新的历史方位。在这一新时代或新的历史方位，马克思主义的发展就具体体现为马克思主义基本原理与新时代中国特色社会主义实践相结合，与大国成为强国即实现"强起来"的历史实践相结合。这次结合具有里程碑意义，其结合之实质、核心，就是要进一步深入探究实现"强起来"的具体道路问题。党的十九大报告第四部分及其之后的内容，主要就是对全面建成社会主义现代化强国、实现中华民族伟大复兴之具体道路的阐述。

◇◇ 二 运用"五定"总体框架揭示中国道路的核心内容及其生成机制

既然对道路的探寻是贯穿马克思主义发展史的一条根本主线，那么从学理来讲，中国道路的生成机制是什么？究竟什么是中国道路的核心内容？或者说，如何从学理上揭示中国道路的核心内容及其生成机制？中国道路，就广义而言，主要包括中国革命的道路、中国社会主义建设的道路、社会主义现代化建设的道路与和平发展道路；就狭义而言，主要是指当代中国致力于实现社会主义现代化、实现中华民族伟大复兴的中国特色社会主义道路。这里，我们按照一个完整的逻辑框架，从五个维度，试求对中国道路尤其是狭义上的中国特色社会主义道路之核心内容及其生成机制做出学理上的揭示。

一是定性：坚持中国共产党领导。

揭示中国道路，首先要对中国道路进行"定性"，这主要回答"谁来领航""往哪领航"的问题。"性质"决定方向，方向决定道路，方向问题，是中国道路的首要问题。

中国道路在性质上不是走资本主义的邪路，它超越以资本为主导的逻辑；中国道路也不走封闭僵化的老路，它反对道路一旦确定就静止不动、固化定型，跟不上时代发展的步伐。中国共产党领导是中国特色社会主义最本质的特征，中国共产党领导是中国特色社会主义制度最大的优势。党政军民学，东西南北中，党是领导一切的。此外，是中国共产党探寻并开创了中国道路。显然，坚持中国共产党领导，是中国道路最本质的特征，它体现着中国道路的根本性质。

自从中国共产党登上中国历史的舞台，最为首要的，就是真正开始探寻中国革命的道路问题。1956年，中国共产党开始主动探究在中国建设社会主义的道路问题；尤其是1978年中国开启改革开放以后，最为首要的，就是中国共产党人真正开始探寻并开创了中国特色社会主义道路。由于找到了正确的道路，中国发生了翻天覆地的变化。历史的逻辑确实如此：没有中国共产党，就没有新民主主义革命的胜利；没有中国共产党，就没有新中国；没有中国共产党，就没有改革开放。中国共产党正是在探寻中国道路并创造历史成就的过程中呈现出领导力的，也是在运用总体方略实现战略目标的历史进程中实现其领导力的。因此，只有读懂中国共产党，才能理解中国道路，只有理解中国道路，才有助于理解中国共产党。在中国道路中，之所以必须坚持中国共产党领导，是因为中国共产党不仅是中国道路的真正探寻者、开创者与领航者，而且其指导思想具有引领力，奋斗目标具有感召力，组织资源具有动员力，实现蓝图具有恒定力，自我革命具有净化力。在中国道路的核心要义中，坚持中国共产党领导具有总体性地位与核心性作用。

这一维度讲的是中国道路的本质逻辑。

二是定位：立足历史方位。

揭示中国道路，在搞清楚"谁来领航""往哪领航"之后，逻辑上就接着必须进一步为中国道路进行定位，即搞清楚"我在哪里"（"我在何处"）。这实际上是关于中国道路的历史坐标问题。这里所讲的历史坐标，实质上就是中国道路所处的历史方位。确定历史方位至关重要，因为只有首先搞清楚"我在哪里"（"我在何处"），才能进一步搞清楚"走向何方"。这在实质上讲的是中国道路的总依据、立足点问题。

历史方位既然是历史坐标，它就确定着中国道路所处的历史阶段。在不同历史阶段，中国道路会有不同的"走法"，同一条相同的道路也会有具体不同的"走法"。中国道路是中国共产党在不同历史阶段解决不同的社会主要矛盾和根本问题的进程中开创出来的。在1978年改革开放初期，即在中国"欠发展"的历史方位，

第二章　从学理上研究中国道路的核心内容及其本源意义

中国共产党主要是解决人民日益增长的物质文化需要同落后的社会生产之间的矛盾，由此所要解决的根本问题或首要根本任务，就是解放和发展社会生产力，解决的方法是发展科学技术，利用市场机制；党的十八大以后，中国特色社会主义进入了新时代，中国进入了"发展起来以后"的新历史方位。此时，中国共产党与时俱进地把人民日益增长的美好生活需要和不平衡不充分的发展之间的矛盾作为社会主要矛盾，由此把逐步实现全体人民共同富裕、不断促进人的全面发展作为全面建成社会主义现代化强国、实现中华民族伟大复兴的根本支柱，作为新时代新的历史使命和奋斗目标，把贯彻落实新发展理念、实施"两大布局"（统筹推进"五位一体"总体布局、协调推进"四个全面"战略布局）作为总体方略。显然，中国道路既具有相对稳定性，也具有开放性和未完成性，具有与时俱进的品格，它不是封闭保守僵化的，而是开放创新发展的，是向世界开放的；它会不断克服自身的历史局限从而达到自我完善。

立足历史方位的中国道路具有三大实践功能。一是保持清醒头脑，不冒进、不保守。明确历史方位，就知道"我在何处"。人类始终只提出自己所能解决的任务，因为只要仔细考察就可以发现，任务本身，只有在解决它的物质条件已经存在或者至少是在生成过程的时候，才会产生。[①] 我们只能根据自己所处的历史方位来确定奋斗目标。这样，就既不会冒进，也不会保守。二是坚持与时俱进，不停滞、不封闭。随着历史进步和实践发展，我们要

---

① 马克思、恩格斯：《马克思恩格斯选集》第2卷，人民出版社2012年版，第3页。

与时俱进地确定奋斗目标，并全力以赴地实现这一奋斗目标，中国道路也随之得以拓展。比如，随着民族历史日趋成为世界历史，中国道路的世界维度会日益展现。只有这样，才会不停滞、不封闭。三是明确工作重点，不迷失、不折腾。明确工作重点，就可以紧紧围绕工作重点做好工作，并以抓重点带好面上的工作。这样，既不迷失方向，也可避免瞎折腾。从邓小平到习近平，中国共产党人都十分重视历史方位问题，并以此来与时俱进地拓展中国道路，推进中国发展。

这一维度讲的是中国道路的历史逻辑。

三是定标：把解放和发展生产力、逐步实现全体人民共同富裕和促进人的全面发展，作为实现社会主义现代化、实现中华民族伟大复兴的三大根本支柱。

揭示中国道路，在搞清楚"我在何处"之后，逻辑上就需要对中国道路进行"定标"，回答"走向何方"的问题。确定"我在何处"，就是为了明确"走向何方"。道路，自然包含道路所指向和达到的战略目标。战略目标，是中国道路的题中应有之义。没有战略目标的道路，不能成其为道路。

确定战略目标，既要实事求是地把社会主要矛盾和所解决的根本问题作为基础和前提，也要以对"历史方位"的定位为基础和前提。确定战略目标，与确定历史方位直接相关，这叫作"定位"决定"定标"。俗话说，"在什么山唱什么歌"。同理，在什么样的历史方位，就确定什么样的战略目标。就是说，我们所确定并实现的战略目标是历史的、与时俱进的。在"欠发展"的历史方位，邓小平首先判定中国的社会主义依然处在"初级阶段",因而其首要根本任务和奋斗目标,就是"解放和发展生产力"。习近平同志把中国特色社会主义确定为进入新时代,中国发展进入了新的历史方位,即中国"发展起来以后"的历史方位。由此,他把"逐步实现全体人民共同富裕,建设富强民主文明和谐美丽的社会主义现代化国家",实现中华民族伟大复兴,促进人的全面发展,作为新时代中国共产党的战略目标。这样的逻辑次序可归结为:"解放和发展生产力——逐步实现全体人民共同富裕——促进人的全面发展"。解放和发展生产力、逐步实现全体人民共同富裕和促进人的全面发展,从根本上影响着实现社会主义现代化、实现中华民族伟大复兴。所以,在中国道路中,解放和发展生产力、逐步实现全体人民共同富裕和促进人的全面发展,是实现社会主义现代化、实现中华民族伟大复兴的三大根本支柱。

中国道路中的战略目标,主要表达的是中国道路的目标追求和价值取向。解放和发展生产力、逐步实现全体人民共同富裕、促进人的全面发展,都是社会主义的目标追求和价值取向。这种战略目标超越了以资本为主导的逻辑,走出了一条把物的发展和人的发展统一起来的以人民为中心的全面现代化道路,这是中国道路的核心。因为现代化首先是解决"物"的问题,然后在逻辑上进一步解决"人"的问题。这种战略目标凝聚着中国共产党和中国人民的共同目标追求,凸显了社会主义和现代化的本质属性,从而使社会主义和现代化互相促进、相辅相成。它超越了西方有些国家"你输我赢"的单赢观,注重共同富裕和每个人的全面发展,更具有感召力和凝聚力。它所呈现出的现代化是全面发展的现代化，涉及经济、政治、文化、社会、生态等方方面面。它具有三大实践功能，一是明确前进方向，激发人们的主动性、能动性；二是明确奋斗目标，振奋人心、鼓舞斗志；三是画出最大同心圆，具有凝心聚力作用。

这一维度讲的是中国道路的目标逻辑。

四是定法：把贯彻落实新发展理念并实施"两大布局"作为总体方略。

揭示中国道路，接下来的逻辑，就是对中国道路进行"定法"，回答"如何走法"的问题。所谓定法，就是确定实现战略目标的根本路径和方法，亦称总体方略。这是中国道路的核心内容之一。

战略目标确定之后，接着在逻辑上就要确定实现战略目标的总体方略。为实现战略目标，就必须进一步确定好实现战略目标的总体方略。为实现上述所讲的战略目标，习近平同志提出了贯彻落实"新发展理念"，推进"两大布局"，即统筹推进"五位一体"总体布局、协调推进"四个全面"战略布局。这实际上讲的就是实现战略目标的总体方略。在这一总体方略中，统筹推进"五位一体"总体布局是"总框架"，"新发展理念"是"路线图"，"四个全面"战略布局是"牛鼻子"。统筹推进"五位一体"总体布局，意味着中国道路在中国经济、政治、文化、社会和生态领域都有具体的体现。"新发展理念"在中国道路中具有十分重要的地位，它从"路线图"的高度，来讲如何使大国成为强国进而实现中华民族伟大复兴，它体现了中国特色和社会主义本质的有机统一，体现了经济社会发展和生态文明建设的有机统一，体现了国内发展和国际发展的有机统一，体现了中国视野和世界眼光的有机统一，是对中国发展起来以后的发展新格局进行的顶层设计和战略谋划。协调推进"四个全面"战略布局，意味着我们要紧紧扭住"四个全面"战略布局这个"牛鼻子"，来统筹推进"五位一体"总体布局，来贯彻落实新发展理念。

这一维度讲的是中国道路的实践逻辑。

五是定力：整合推动力量，使党的领导力量、市场配置力量和人民主体力量形成合力。

揭示中国道路，在逻辑上，还要进一步揭示中国道路所蕴含的推动力量，即蕴含的"定力"，回答"动力何来"的问题。所谓定力，就是揭示实现战略目标的推动力量。"路"是要走的，道路是走出来的，"走"，就需要力量来推动。没有力量推动，战略目标及总体方略都实现不了。推动力量，是中国道路中不可或缺的一项重要内容。这种推动力量可概括为：积极整合党的领导力量、市场配置力量和人民主体力量并形成合力。其中，党的领导力量是根本，市场配置力量是手段，人民主体力量是目的。

把推动力量作为中国道路的核心要义之一，有其重要依据。首先，具有历史依据。中国特色社会主义的开创，是从社会结构转型开始的。现代化的本质是"社会结构转型"，即由传统的社会结构转向现代的社会结构。当代中国通过开创中国特色社会主义以实现社会主义现代化的进程，一定意义上就是中国"社会结构转型"的进程。1978年改革开放以后，中国开创了中国特色社会主义。1992年，中国正式确立建立社会主义市场经济体制。社会主义市场经济体制的出现，逐渐改变了中国传统的社会结构，使中国传统社会结构发生转型。这种转型，首要体现在市场配置的力量在生长。随着市场配置力量的生长，最直接的影响，就是人民主体力量也在不断增长。因为市场配置力量的生长，会不断增强人民的利益、能力、自立意识，以及主体、独立、自主、平等、民主意识，进而会使人民的各种诉求不断觉醒和增强。目前，人民的能力、自立、自主、民主意识的增强，就是人民主体力量增强的具体体现。随着市场配置力量、人民主体力量的不断增强，同时从内在要求政府转变传统职能，由具有管制特征的政府向在中国共产党领导下且仍具有主导作用的公共服务型、治理型政府转变。这样，整个中国的社会结构就会发生如下变化：逐渐形成以党的领导力量、市场配置力量和人民主体力量为核心要素而构成的新型社会结构。这种结构，构成中国特色社会主义道路中的本质力量结构。

其次，具有理论依据。进一步说，中国特色社会主义首先是社会主义，科学社会主义的基本原则不能丢，丢了就不是社会主义。科学社会主义的基本原则，就是坚持劳动人民立场，把人民群众当作社会历史发展的主体，当作社会历史发展的动力，当作推动社会历史发展的力量源泉，当作社会历史发展的目的。由此，中国道路必须注重人民主体力量。这是中国特色"社会主义"之所以成其为社会主义的本质或根据。离开这一点，就不是社会主义，也谈不上中国特色社会主义道路。中国特色社会主义之所以为"中国特色"，从根本性来看，在经济上主要体现为"市场经济"。因为在科学社会主义的基本原则中，在马克思、恩格斯对社会主义的理解中，是找不到"市场经济"的。由于中国特殊的国情，由于中国要集中力量解放和发展生产力，也由于只有解放和发展生产力才能真正实现社会主义，所以我们就利用了市场经济和市场机制，这就使中国的社会主义具有了"中国特色"。所以，注重市场配置力量，就成为"中国道路"之中国特色的一个核心要义。不仅如此，中国特色社会主义之所以为"中国特色"，从根本性上说，在政治上主要体现为"党的领导"。中国共产党领导（蕴含更好发挥政府的作用），是中国特色社会主义最本质特征，是中国特色社会主义制度的最大优势。历史和实践表明，在1978年以来中国特色社会主义建设实践中，在正确决策的前提下，党和政府集中一切资源和力量解难题、办大事、加速度，大力解放和发展生产力，是中国特色社会主义之"中国特色"最鲜明的本质特征。实际上，中国特色社会主义体现在经济、政治和社会领域，就分别是建立社会主义"市场经济"体制、"坚持中国共产党领导"和"充分发挥人民群众的主体力量"。换一种表述，就是注重市场配置力量、党的领导力量和人民主体力量。

最后，具有实践依据。党政军民学、东西南北中，党是领导一切的。所以，在中国道路所蕴含的核心力量结构中，党的领导力量是首要的。人民是中国共产党执政的最大底气，人民是中国共产党最根本的依靠力量，人民对美好生活的向往就是中国共产党的奋斗目标，为中国人民谋幸福是中国共产党人的初心，民心是最大的政治，要把人民放在中国共产党心目中最高的位置。由此，只有读懂人民，才能真正读懂中国共产党。在中国道路所蕴含的核心力量结构中，人民主体力量是必不可少的。在改革开放路线中，坚持以经济建设为中心，就必须坚持改革开放，而改革之一的经济体制改革的大方向，是建立社会主义市场经济体制，其目的是让市场在资源配置中发挥决定性作用，更好发挥政府的作用。由此，市场配置力量在经济领域至关重要，应成为中国道路所蕴含的核心力量结构中的一个重要因素。因此，党的领导力量、市场配置力量和人民主体力量构成中国道路中的三种根本力量。中国道路不仅注重党的领导力量、市场配置力量和人民主体力量，而且注重整合这三种力量并形成合力。只有整合并形成合力，才能真正实现战略目标，也才能真正显示出中国道路的独特优势和重大作用。

要正确处理政党、市场和人民的关系，就需要从制度上给出合理的设计。从制度设计上，这种关系，就是中国共产党要有效合理利用和驾驭资本，坚持以人民为中心。这样的制度设计和安排，比资本主义能够更快更好地解放和发展生产力，能够避免阶级分化和社会冲突，能够更好地促进公平正义和维护社会和谐。可见，从制度角度看，中国道路的核心，就是要构建一套既能让中国共产党驾驭市场经济，又能保证政治权力为人民谋幸福的制度体系，它构成中国道路的制度支撑。由此，从根本上说，中国道路的制度逻辑，就是构建政党、市场、人民三大核心要素之间的制度体系。

这一维度讲的是中国道路的制度逻辑。

综上所述，从学理上可以把中国道路的核心要义及其形成机制概括为：

坚持中国共产党领导，立足历史方位，把解放和发展生产力、逐步实现全体人民共同富裕和促进人的全面发展，作为实现社会主义现代化、实现中华民族伟大复兴的三大根本支柱，自觉贯彻落实新发展理念，实施"两大布局"，整合党的领导力量、市场配置力量和人民主体力量并形成合力。这些核心要义具有严密的内在逻辑，构成一个有机整体。

◇ 三 中国道路具有本源意义

当我们详尽考察、分析马克思主义发展史、马克思主义中国化历史发展的逻辑、中国共产党历史发展的逻辑、新中国历史发展的逻辑、中国改革开放历史发展的逻辑、世界历史发展的逻辑，以及近代以来中国所面临的"向何处去"这一根本问题之后，就会发现：中国道路具有本源意义，它是解释上述发展逻辑和根本问题的一种"框架"、一把"钥匙"。

庆祝中华人民共和国成立70周年，首先要从总体上解答好三个影响中国发展命运的根本性问题——马克思主义为什么行？中国特色社会主义为什么好？中国共产党为什么能？要解答好这三个根本性问题，理论必须彻底，理论只要彻底，就能说服人，所谓彻底，就是要抓住问题的根本；问题的根本，就是必须从中国道路中寻找问题的本源，寻找问题的真实答案。

这里所讲的本源意义，是指"中国道路"是理解近代以来中国总体性问题的根本、根底、根据和基础。

（一）马克思主义中国化历史发展的逻辑，核心是围绕中国道路这一主线展开的

马克思主义中国化历史发展的逻辑，本质上是马克思主义与中国具体实际相结合的逻辑。它涉及马克思主义和中国具体实际两个根本方面。

马克思主义的发展史，从根本上就是对道路问题探寻的历史。上有所述，不再赘述。

1. 马克思主义中国化的历史发展

近代以来中国的具体实际，也就是中国的根本问题，归根到底，就是对中国道路的探寻。近代的中国，始终处在迷茫彷徨当中，其主要原因就是没有找到一条救国之路。当时，各种各样、五花八门的"主义"在中国都尝试过，也都在解决一个根本问题：中国向何处去？因为旧的制度被推翻以后，"中国向何处去"的道路问题便成为第一号的根本性问题。当时许多仁人志士都在苦苦寻找适合中国国情的道路，但各种各样的方案都行不通。就是说，当时没有一个"主义"和"方案"能解决中国的道路问题。

马克思主义传播到中国来，就开启了马克思主义中国化的历程，且一下子就在中国落地、扎根、开花、结果。为什么？其中最根本的，就是马克思主义在与中国具体实际相结合的马克思主义中国化过程中，找到了能解决中国问题的正确的中国道路。

马克思主义中国化即马克思主义与中国具体实际的第一次结合，是在新民主主义革命时期进行的。这次结合的实质，是关于中国革命的道路问题。这一时期，中国共产党人最关注的，是采取什么样的革命道路才能实现民族独立、人民解放。当时在党内就中国革命的道路问题展开了激烈争论。争论的焦点，是采取城市武装暴动的道路，还是采取农村包围城市的道路。历史、实践与中国共产党人最终选择了农村包围城市的革命道路，于是便实现了马克思主义中国化的第一次飞跃，其成果是毛泽东思想。

马克思主义中国化即马克思主义与中国具体实际的第二次结合，是在1956年社会主义改造完成以后的中国建设社会主义时期。这次结合，毛泽东明确将其概括为"第二次结合"，而且认为结合的核心，就是在中国建设社会主义的道路问题。这一时期，有一个在中国建设社会主义的道路之选择问题。到底是选择"苏联模式"，还是走"独立自主、自力更生"的道路？当时苏联是世界上第一个建立社会主义制度的国家，"向苏联学习"，在当时的中国占有一定市场，因此"苏联模式"对当时中国的影响比较大。1956年2月苏共二十大召开，这是苏联历史乃至国际共产主义运动历史上的一个重要转折点。会上主要批判了对斯大林的个人崇拜。中国方面认为，苏共二十大在破除斯大林的个人崇拜并揭露其错误的严重性方面具有积极意义，同时又认为赫鲁晓夫全盘否定斯大林的做法是不对的。由此，中共中央一方面采取维护斯大林的立场，同时另一方面开始以苏为鉴，反对本本主义和教条主义，并自觉主动地探索适合中国国情的建设社会主义的独立的正确道路。

根据政治上最为权威的表述，应当说，毛泽东所讲的"第二次结合"，与1978年改革开放新时期中国共产党的政治文献所讲的"第二次结合"，既有区别，也有内在的逻辑联系。毛泽东所说的"第二次结合"，其实就是要探索在中国建设社会主义的具体道路，这条道路，就是具有中国特点的社会主义道路。这与改革开放新时期我们所讲的中国特色社会主义道路具有"异曲同工"之处，都是对在中国怎样建设社会主义的道路问题的探索。然而，毛泽东所讲的在中国建设社会主义的具体道路只是一种初步的思考和探索，还没有形成一种完整的理论形态，是向中国共产党的政治文献所讲的真正意义上的"第二次结合"的过渡，还没有真正从总体上、根本上达到"理性自觉"。不过，前者为后者提供了启示，就是在中国建设社会主义必须具有"中国特点"。因此马克思主义与中国具体实际的真正意义上的"第二次结合"的历史节点，应是1978年中国开启的改革开放。这种意义上的结合，就是在马克思主义中国化进程中把马克思主义与中国改革开放具体实际相结合，其成果，就是在中国"欠发展"历史方位为实现"富起来"而形成的中国特色社会主义理论体系，主要包括邓小平理论、"三个代表"重要思想、科学发展观。这里的"第二次结合"及其形成的中国特色社会主义理论体系，其实质就是开创、发展并完善中国特色社会主义道路，实现了马克思主义中国化的第二次飞跃。

从学术探讨的角度来讲，马克思主义中国化即马克思主义与中国具体实际正在实行第三次结合，这是在中国特色社会主义进入新时代、我国发展进入新的历史方位逐步进行的。这次结合的实质、核心，窃以为，是关于实现"强起来"的道路问题。① 经过长期努力，中国特色社会主义进入了新时代，这是中国发展新的历史方位。在这一新时代或新的历史方位，马克思主义与新时代中国特色社会主义实践相结合，正在实现马克思主义中国化的一次新飞跃。虽然在政治文献上我们还没有明确做出这一结论，但在学术上、学理上却有其确凿理由和探究空间。从总体上讲，强调这是一次新的飞跃，正如党的十九大报告所讲，它在中华人民共和国发展史上，在中华民族发展史上，在世界社会主义发展史上，在人类社会发展史上，在中国共产党创新理论发展史上，具有重大意义。② 这里讲的在"发展史"上的重大意义，意味着"中国特色社会主义进入新时代"是具有里程碑意义且要载入史册的，而载入史册的，往往都是具有标识性、代表性的。中国特色社会主义进入新时代，在本质上就蕴含着要实现马克思主义中国化的新飞跃，从学术上我们尝试性地暂切称之为"第三次飞跃"，这种飞跃，是具有标识性和代表性的。

2. "马克思主义中国化的第三次飞跃"

具体来讲，强调这是一次新的飞跃，理由在于：

第一，历史方位及其解决的社会主要矛盾不同。社会主要矛盾，是对社会发展整体状况进行总体概括的一个重要概念。在中国"欠发

---

① 这里提出的"第三次结合"，完全是从学术上进行前瞻性探索来讲的，其根据，就是党的十九大报告所讲的"迎来了从站起来、富起来到强起来的伟大飞跃"，是"中国特色社会主义进入了新时代，这是我国发展新的历史方位"。

② 习近平：《决胜全面建成小康社会 夺取新时代中国特色社会主义伟大胜利——在中国共产党第十九次全国代表大会上的报告》，人民出版社2017年版，第10页。

展"的历史方位,坚持和发展中国特色社会主义,主要是解决人民日益增长的物质文化需要同落后的社会生产之间的矛盾,而在新时代、在中国"发展起来以后"的历史方位,则主要是解决人民日益增长的美好生活需要和不平衡不充分的发展之间的矛盾。前者意在解决中国"欠发展"的问题,即落后的社会生产问题,致力于把"蛋糕"做大,后者意在解决中国"发展起来以后"的问题,即发展不平衡不充分的问题,致力于推进全面协调充分发展,使人民过上美好生活,实现强起来。"发展起来以后""美好生活需要""不平衡不充分的发展",显然分别是比"不发展""物质文化需要""落后的社会生产"高一个层级的概念,或者二者是属于不同层级的概念。第二次飞跃主要解决中国"欠发展"历史方位的社会主要矛盾,"第三次飞跃"则致力于解决新时代、中国"发展起来以后"新的历史方位的社会主要矛盾。新时代、新的历史方位及其所要解决的新的社会主要矛盾,是正在实施"第三次飞跃"的第一个根据。

第二,历史使命(历史任务、奋斗目标)不同。第一次飞跃主要肩负着实现"站起来"的历史使命,第二次飞跃主要肩负着实现"富起来"的历史使命,而"第三次飞跃"则主要肩负着实现"强起来"的历史使命,因为我们迎来了从富起来到强起来的伟大飞跃。[1] 换言之,"强起来"就是对"富起来"的伟大飞跃。

第三,"道路"的历史内涵不同。第一次飞跃的核心是探寻新民主主义革命时期使中华民族(中国人民)站起来的革命道路问

---

[1] 习近平:《决胜全面建成小康社会 夺取新时代中国特色社会主义伟大胜利——在中国共产党第十九次全国代表大会上的报告》,人民出版社2017年版,第8页。

题，第二次飞跃的核心是探寻中国"欠发展"历史方位实现中华民族（中国人民）富起来的道路问题，而"第三次飞跃"的核心是探寻中国"发展起来以后"新的历史方位实现中华民族（中国人民）强起来的道路问题。

第四，主线不同。新时代中国特色社会主义与新时期（改革开放之初）中国特色社会主义既有联系，都坚持一个主题，即中国特色社会主义；也有不同，新时期中国特色社会主义主要是围绕如何实现"富起来"这一主线，来坚持和发展中国特色社会主义，而新时代中国特色社会主义则主要是围绕如何实现"强起来"或"民族复兴"这一主线，来坚持和发展中国特色社会主义。

第五，现代化阶段不同。1956年前后中国所讲的现代化，还处于现代化的"谋划"及初步实施阶段，而且主要是对经济建设或产业布局方面的谋划；1978年之初中国所建设的社会主义现代化，主要处于现代化"起飞"阶段；以2012年党的十八大召开为历史节点，中国社会主义现代化建设进入新时代，进入新的历史方位，这就是全面建设社会主义现代化强国的时代，可称之为"现代化强国"阶段。我们之所以讲要实现"第三次飞跃"，是由于实现社会主义现代化的阶段不同。

第六，中国特色社会主义在人们心中的地位不同。1978年改革开放初期，人们更多的是从初级阶段、基本国情、生产力发展水平、社会主要矛盾等方面为中国特色社会主义进行辩护，论证其历史必然性和价值合理性，相对注重中国特色社会主义的"中国特色"；而在新时代，人们则基于"极不平凡""解决难题""办成大事""历史性成就""历史性变革""迎来了从富起来到强起来的伟大飞跃""伟大旗帜高高举起""拓展发展中国家走向现代化的途径""提供全新选择""为解决人类问题贡献中国智慧和中国方案""不断走近世界舞台中央并为人类做出更大贡献"等,更加坚定了对中国特色社会主义的自信,相对注重中国特色社会主义的"中国贡献""世界意义"与"主体性"。

第七,中国在世界中的地位不同。在"欠发展"的历史方位,中国处在世界舞台边缘,如果再不发展,就有被"开除球籍"的危险,所以,1978年改革开放初期,我们强调追赶现代化;在新时代或新的历史方位,中国积极参与全球治理,不断为解决人类问题贡献中国智慧和中国方案。由此,中国积极参与全球治理,积极推动构建新型国际关系,积极推动构建人类命运共同体,在世界舞台上的影响力不断提升,正在逐渐改变在国际话语权中"西强我弱"的不利局面。

通过上述考察分析,可以得出这样的结论:在马克思主义中国化历史发展的逻辑进程中,由于找到了不同历史时期的正确道路并促进中国走出成功,这就为回答"马克思主义为什么行"提供了真实的答案。

(二)中国共产党历史发展的逻辑、新中国历史发展的逻辑,其本质、底色和中轴就是对正确的中国道路的追寻

对道路的探寻,不仅是马克思主义发展史的一条根本主线,

也是近代以来贯穿于中国共产党历史发展逻辑、新中国历史发展逻辑的一条根本主线。只有读懂中国道路，才能为理解和把握近代以来中国共产党历史发展逻辑和新中国历史发展逻辑提供"一把钥匙"。

只有读懂中国道路，才能真正理解中国共产党历史发展的逻辑。自从中国共产党成立那天起，中国共产党人就开启了探寻中国发展道路的历史。中国共产党发展的历史，从根本上就是因为对中国道路探寻而发展的历史。中国共产党的发展历史大致可以划分为新民主主义革命时期、新中国成立后的社会主义改造和1956年后对中国社会主义建设道路探索时期、改革开放新时期、中国特色社会主义新时代等四个历史时期。贯穿这四个历史时期的一条主线，就是对中国道路的探索。在新民主主义革命时期，中国共产党探索的根本主题是关于中国革命的道路。在中国共产党领导下，最终找到了一条农村包围城市、武装夺取政权的新民主主义革命道路，其结果是中华民族站起来了。新中国成立尤其是1956年之后，毛泽东带领中国共产党人探索的核心主题，就是在中国进行社会主义改造和社会主义建设的道路问题。1978年改革开放新时期，中国共产党人探寻的根本主题，是实现社会主义现代化的道路问题，我们终于找到了这条道路，那就是中国特色社会主义道路。党的十八大召开，意味着中国特色社会主义进入了新时代。在新时代，在坚持中国特色社会主义道路的基础上，中国共产党人继续探寻全面建成社会主义现代化强国、实现中华民族伟大复兴的中国特色社会主义道路之新的历史形式，依然是至关重要的。正如习近平同志所强调的：

44 | 中国道路及其本源意义

"道路问题是关系党的事业兴衰成败第一位的问题,道路就是党的生命。"①"我们党在革命、建设、改革各个历史时期,坚持从我国国情出发,探索并形成了符合中国实际的新民主主义革命道路、社会主义改造和社会主义建设道路、中国特色社会主义道路,这种独立自主的探索精神,这种坚持走自己路的坚定决心,是我们党不断从挫折中觉醒、不断从胜利走向胜利的真谛。鲁迅先生有句名言:其实地上本没有路,走的人多了,也便成了路。中国特色社会主义,是科学社会主义理论逻辑和中国社会发展历史逻辑的辩证统一,是根植于中国大地、反映中国人民意愿、适应中国和时代发展进步要求的科学社会主义,是全面建成小康社会、加快推进社会主义现代化、实现中华民族伟大复兴的必由之路。只要我们坚持独立自主走自己的路,毫不动摇坚持和发展中国特色社会主义,我们就一定能在中国共产党成立100年时全面建成小康社会,就一定能在新中国成立100年时建成富强民主文明和谐的社会主义现代化国家。"②

只有读懂中国道路,才能真正把握新中国历史发展的逻辑。这一逻辑,就是迎来了从站起来、富起来到强起来的伟大飞跃。1949年新中国的成立,标志着中华民族站起来了,从此要继续迎来实现富起来的伟大飞跃,这将会带来历史性变革,并寻求实现富起来的根本道路。由此,1978年中国开启了改革开放和社会主义现代化建设新时期,把中国特色社会主义作为实现富起来的根本道路。从新时期到党

---

① 习近平:《关于坚持和发展中国特色社会主义的几个问题》,《求是》2019年第7期。
② 同上。

的十八大召开，中国特色社会主义进入了新时代，标志着中华民族富起来了，从此又要继续迎来从富起来到实现强起来的伟大飞跃，这也会带来历史性变革，并寻求实现强起来的根本道路。这一变革，就是党的十八届三中全会所讲的推进全面深化改革，也是党的十九大报告所讲的历史性变革。

这种历史性变革主要体现在：在总体上，把贯彻落实新发展理念看作关乎中国发展全局的一场深刻变革；在经济领域，推进供给侧结构性改革，实施高质量发展，使经济发展进入新常态；在政治领域，既加强党对一切的领导，又推进全面从严治党，还致力于建设法治国家，从而使中国共产党成为最高政治力量；在文化领域，积极加强社会主义意识形态建设，明确反对向西方自由主义意识形态投降的任何企图，注重用习近平新时代中国特色社会主义思想武装全党、教育人民；在社会领域，既积极促进公平正义、增进人民福祉，增强人民群众的获得感、幸福感、安全感，又推进社会治理创新；在科技创新领域，渴望通过几十年的不懈努力，在许多关键领域获得技术领先地位，进而成为世界上强大的科技创新中心；在军事领域，积极推动中国军队最大规模的改革，强调全面从严治军，即政治建军、改革强军、科技兴军、依法治军；在外交政策和国际战略领域，积极参与全球治理，建设"一带一路"，构建人类命运共同体。在这些变革中，会不断丰富新时代中国特色社会主义道路新的历史内涵。换言之，这些历史性变革背后的内在逻辑，就是新时代中国特色社会主义道路的进一步发展和完善。

由于在中国共产党领导下我们找到了实现中华民族从站起来、

富起来到强起来的正确道路，并促进国家走向成功，这就为回答"中国共产党为什么能"提供了真实的答案。

（三）改革开放历史发展的逻辑，从根本上就是探究实现社会主义现代化发展之正确道路的逻辑

只有读懂中国道路，才能真正理解中国改革开放历史发展的逻辑。改革开放历史发展的逻辑，从根本上就是以中国特色社会主义道路实现社会主义现代化、实现中华民族伟大复兴的逻辑，这实际上也是改革开放历史发展的本真底色。1978年改革开放之初，以邓小平同志为代表的中国共产党人主要致力于探寻实现社会主义现代化的中国道路，这条道路终于找到了，那就是中国特色社会主义道路。我们所讲中国特色社会主义，首先讲的是中国特色社会主义道路，所以，坚定"四个自信"，把坚定道路自信置于首位。习近平同志指出："改革开放之初，我们党发出了走自己的路、建设中国特色社会主义的伟大号召。"[①] 其实，邓小平的历史性贡献是多方面的，其中最伟大的贡献就是他领导全党全国人民成功开创了中国特色社会主义道路。1982年9月，在党的十二大开幕式上，邓小平明确指出："把马克思主义的普遍真理同我国的具体实际结合起来，走自己的道路，建设有中国特色的社会主义，这就

---

① 习近平：《决胜全面建成小康社会　夺取新时代中国特色社会主义伟大胜利——在中国共产党第十九次全国代表大会上的报告》，人民出版社2017年版，第8页。

是我们总结长期历史经验得出的基本结论。"① 正如习近平同志指出的："中国发展的实践证明，当年邓小平指导我们党作出改革开放的决策是英明的、正确的，邓小平不愧为中国改革开放的总设计师，不愧为中国特色社会主义道路的开创者。"② 实际上，道路问题是邓小平理论所解答的最根本的问题。如果做认真深入的思考就会发现，邓小平理论体系中的基本理论观点都是围绕选择、坚持、拓展中国特色社会主义道路而展开的。江泽民把"建设一个什么样的党，怎样建设党"，看作探索实践中国特色社会主义道路的核心内容。他指出："中国的社会主义既不是苏联模式，也不是东欧模式，而是有中国特色的社会主义。走这条道路，是中国人民经过一百多年的奋斗与探索作出的历史性选择。"③ 21 世纪以来，国内外形势发生了新的变化。如何紧紧抓住和利用好中国发展的重要战略机遇期，战胜一系列严峻挑战，奋力把中国特色社会主义事业推进到一个新的发展阶段，是对以胡锦涛同志为总书记的党中央领导集体智慧和勇气的极大考验。在这种情境下，胡锦涛鲜明指出："毫不动摇走党和人民在长期实践中开辟出来的正确道路，不为任何风险所惧，不为任何干扰所惑。"④ 为解决"实现什么样的发展、怎样实现发展"而提出的科学发展观，其实质、核心是探索中国科学发展的

---

① 邓小平：《邓小平文选》第 3 卷，人民出版社 1993 年版，第 3 页。
② 中共中央文献研究室编：《习近平关于全面深化改革论述摘编》，中央文献出版社 2014 年版，第 2 页。
③ 《江泽民思想年编（1989—2008）》，中央文献出版社 2010 年版，第 69—70 页。
④ 胡锦涛：《深入贯彻落实科学发展观仍然是长期艰巨的任务》，在省部级主要领导干部专题研讨班开班式的重要讲话，2012 年 7 月 23 日。

道路，这是新时期探索实践中国特色社会主义道路的又一突破。党的十八大以来，中国特色社会主义进入了新时代，中国发展进入新的历史方位。以习近平同志为核心的党中央紧紧围绕实现中华民族伟大复兴来坚持和发展中国特色社会主义，并基于实现中华民族伟大复兴而精进推进中国特色社会主义，继续书写中国特色社会主义新篇章，由此也把道路问题看作第一位的问题。习近平同志之所以把道路问题看作第一位问题，正如他所强调的："无论搞革命、搞建设、搞改革，道路问题都是最根本的问题。"①

正是这条中国特色社会主义道路，创造了中国奇迹。可以把中国改革开放以来取得的巨大成就称之为"中国奇迹"。当今，中国奇迹已经成为一种世界性现象。当然，也应成为中国学术研究的一个重大课题。问题的关键在于，如何从学理上揭示中国奇迹发生的本源？或者"中国奇迹到底是如何发生的"。某些西方学者用"西方模式"解释中国奇迹，认为中国是因为实行了"国家资本主义""权贵资本主义"等而创造中国奇迹的。中国学者应从学理上掌握解释中国奇迹的话语权。我们可从许多角度来解释中国奇迹发生的原因，我认为首要或根本的，是要从中国道路中去寻找中国奇迹发生的本源，或聚焦于中国道路这一本源，来解释中国奇迹到底是如何发生的。习近平同志强调指出："改革开放以来，我们党在探索和实践中找到了、坚持了、拓展了中国特色社会主义道路。我们能够创造出人类历史上前无古人的发展成就，

---

① 习近平：《关于坚持和发展中国特色社会主义的几个问题》，《求是》2019年第7期。

走出了正确道路是根本原因。"① 2016 年 11 月 11 日，习近平同志在纪念孙中山先生诞辰 150 周年大会上的重要讲话中又指出："古今中外的历史都告诉我们，世界上没有一个民族能够亦步亦趋走别人的道路实现自己的发展振兴，也没有一种一成不变的道路可以引导所有民族实现发展振兴；一切成功发展振兴的民族，都是找到了适合自己实际的道路的民族。"② 习近平同志在世界经济论坛 2017 年年会开幕式上的主旨演讲又强调："经过 38 年的改革开放，中国已经成为世界第二大经济体。道路决定命运。中国的发展，关键在于中国人民在中国共产党领导下，走出了一条适合中国国情的发展道路。"③ 这实际上就是说，要从中国道路中寻求创造中国奇迹的本源或真实答案。

第一，坚持中国共产党领导就能创造中国奇迹。

中国共产党能用指导思想引领各种社会意识，以统一人们思想，使之达至共识。一个社会往往存在着各种各样的"社会意识"。对这些社会意识不加以整合和引导，社会就是一盘散沙，既缺乏正确的方向，也易出现分化的局面。中国共产党自从登上中国历史舞台那天起，就把马克思主义基本原理与中国具体实际相结合，不断推进马克思主义中国化时代化大众化，不断推进理论创新，与时俱进地提出了一系列先进的指导思想，并用不断发展着的、先进的指

---

① 参见习近平在中共中央政治局第七次集体学习会上的讲话，新华社通稿（2013 年 6 月 25 日下午）。

② 习近平：《在纪念孙中山先生诞辰 150 周年大会上的讲话》，人民出版社 2016 年版，第 5 页。

③ 习近平：《习近平谈治国理政》第 2 卷，外文出版社 2017 年版，第 482 页。

导思想整合和引领各种社会意识，统一人们的思想，从而既使人们在思想上达成共识，也明确了前进方向。达至共识并具有明确方向，就会形成一种强大的精神力量，能使人们全力以赴朝着一个正确的方向前进，这必然会促进中国走向成功。历史和实践表明：一个国家和社会的发展要取得巨大成就，必须有先进的思想作指导。

中国共产党能用奋斗目标凝聚党员干部，使其凝聚在党的周围，并构成一个有机整体。在一个社会中，每个人都具有自己的目标追求。一个政党内的每一位党员也具有自己的目标追求。中国共产党不断运用其确立的最高纲领和最低纲领，运用中国共产党人的价值观，运用其确立的奋斗目标，来凝聚并感召每一位党员干部，从而使每一位党员干部成为党组织中的一个有机体。这一有机体可以构成一个具有战斗力的整体，从而能激发党员干部的创新活力，使其具有无坚不摧的力量。这正是中国共产党攻坚克难的雄厚"资本"，是中国共产党战胜一切困难的重要法宝。

中国共产党基于正确决策，能组织动员国家一切资源力量解难题、办大事、加速度。中国共产党是一个具有领导力、组织力、动员力的政党，是中国的最高政治领导力量，它可以运用自己的威望，运用各级党组织，运用"举国体制"，来解难题、办大事、加速度。中国共产党所具有的领导力、组织力、动员力，所具有的解难题、办大事的能力，是世界上其他一切政党所无法比拟的。正是这种领导力、组织力和动员力以及解难题、办大事的能力，使中国共产党干成了一个个举世瞩目且具有"奇迹性"的大事，解决了一个个难题，也加快了中国发展的速度。

中国共产党能一脉相承、与时俱进、开拓创新，努力把一张蓝图绘到底。善于战略谋划，是中国共产党治国理政的一条基本经验。战略谋划，一般包括三个核心环节，即"战略目标—总体方略—战略安排"。这种战略谋划具有自主性，已达到高度自觉。它凝聚着中国共产党和中国人民的共同追求，具有感召力和凝聚力，不仅使中国共产党解决了一个个难题，办成了一件件大事，而且使中国共产党十分注重行动，能一个目标接着一个目标来实现，即能一张蓝图绘到底，这对创造"中国奇迹"发挥着十分重要的作用。

中国共产党能用严明纪律规矩规范全体党员行为，以提升党员的格局和境界。中国共产党是一个有核心、有理论、有价值观、有组织、有制度的政党，也是一个有章可循、有纪可依的政党。这种政党不仅把每一个党员干部的行为纳入党章党纪的框架内，使其行为有规范有约束有秩序，而且能勇于自我革命，以自我革命推进社会革命，把较低的格局、境界提升为较高的格局、境界，从而使其具有先进性。这种先进性不仅有助于消除党内的不良倾向和作风，使中国共产党人自身硬，从而能把坚硬的"铁"打好，而且也有助于树立中国共产党的威望和权威，使人们团结在中国共产党的周围，跟着中国共产党走，在中国共产党领导下努力实现其战略目标，从而取得巨大成就。

第二，立足历史方位且与时俱进就能创造中国奇迹。

确立历史方位并与时俱进，找准历史坐标，有助于对中国的发展阶段、本质特征、实践要求做出科学研判，进而制定出正确的路线方针政策，做正确的事。一切失败，都与缺乏科学研判和决策失误有关，一切成功的重要前提，都源于科学研判和正确决策。改革开放以来，中国共产党立足历史方位并与时俱进地根据实践发展新要求，从总体上能做出科学研判和正确决策，进而做正确的事。这可以使我们避免瞎折腾、走极端，进而取得重大成就。

明确历史方位并与时俱进，有助于坚持实事求是、把握历史坐标、抓住主要矛盾。中国共产党治国理政首先要认识世界，对客观世界、客观事物与基本国情做出科学研判，进而在此基础上做出科学决策。要做到这一点，首先必须坚持实事求是，从客观实际出发，确立正确认识客观世界、客观事物与基本国情的出发点。实事求是能使我们"立足基本国情"，反映时代、实践、现实发展态势，确定历史发展方位；能使我们把握社会主要矛盾和事物特殊矛盾；能使我们把握事物存在和发展的特点；能使我们把握中国发展的独特优势和短板；能使我们把握历史发展规律，与时俱进地紧跟时代步伐。因而，坚持实事求是，有助于解决"态势""方位""矛盾""特点""优势"和"与时俱进"的问题，这是取得成功的一个关键。毛泽东领导中国新民主主义革命取得了成功，在于坚持实事求是；1978年以来中国改革开放和社会主义现代化建设之所以取得巨大成就，既在于邓小平同志坚持实事求是，确定中国社会主义依然处在初级阶段，也在于习近平同志坚持实事求是，确定中国特色社会主义进入了新时代，这是中国发展进入新的历史方位。

从客观实际出发认识客观世界、客观事物与基本国情的本来面目，核心是要揭示客观世界、客观事物中的内在矛盾，尤其是社会主要矛盾。因为矛盾决定着世界和事物的本质、性质和状况。中国共产党把揭示社会主要矛盾作为判断中国国情的基本依据之一，作为把握经济社会发展整体状况的主要依据之一，作为制定路线方针政策的主要依据之一，作为治国理政的基本遵循。在改革开放初期，邓小平把中国社会发展的主要矛盾确定为人民日益增长的物质文化需要同落后的社会生产之间的矛盾。于是，当时中国的经济、政治、文化、社会的发展都聚焦于解决这一社会主要矛盾，从而取得了巨大成就。中国特色社会主义进入新时代，习近平同志把中国的社会主要矛盾确定为人民日益增长的美好生活需要和不平衡不充分的发展之间的矛盾。这意味着新时代中国的经济、政治、文化、社会、生态等各个领域，都要聚焦于解决好这一社会主要矛盾。聚焦于解决好社会主要矛盾，意味着中国共产党在治国理政实践中，在实现社会主义现代化、实现中华民族伟大复兴进程中，能抓住治国理政的根本，也能抓住事物的本质，也意味着其治国理政已经达到高度的理性自觉。揭示社会主要矛盾，其首要目的，是找到治国理政所要解决的根本问题。问题是事物矛盾的表现形式，矛盾即问题。揭示客观世界和客观事物内部的主要矛盾，发现社会主要矛盾，就能发现并致力于解决客观世界、客观事物以及工作中存在的根本问题，也就找到了全部工作的重点。中国共产党治国理政的一个鲜明特征，就是注重坚持实事求是，把握主要矛盾，解决根本问题，明确工作重点，这既找到了治国理政的基本遵循，又注重把解决主要矛盾和根本问题引向一个正确、合理的方向，还能抓重点带一般，从而积极推进中国快速发展。找到治国理政的基本遵循，理出中国发展的逻辑、纲目、头绪和抓手，是创造中国奇迹的一个重要原因。

第三，明确战略目标有助于创造中国奇迹。

战略目标明确了人们前进的方向，能激发人们的积极性和主动性。一个具有战略目标且坚定不移地实现战略目标的政党、国家和民族，才会有决心进而自觉主动地去战胜各种艰难险阻，从而夺取一个又一个胜利，取得一个又一个成就。1978年以来，中国共产党与时俱进地把解放和发展生产力、逐步实现全体人民共同富裕、促进人的全面发展，进而实现社会主义现代化、实现中华民族伟大复兴作为战略目标，并把各种资源和力量汇聚于实现这一战略目标，从而使广大党员干部（关键少数）和人民群众（绝大多数）明确了奋斗方向，也激发了广大党员干部和人民群众实现战略目标的主动性。主动性区别于被动性，它是一种精神状态，也是一种精神动力，更是一种积极进取精神，正是这种精神状态、精神动力和积极进取精神，使中国发展取得了巨大成就。

战略目标明确了人们追求的最大公约数，进而能凝心聚力，使人们达成共识。一个政党、国家和民族要健康顺利发展并取得骄人成就，就必须团结一心、凝心聚力，这就需要在战略目标上凝聚最大共识。改革开放以来，最能凝聚人心和共识的，就是确定好人们共同追求的战略目标，并以正确的路径和方式来实现战略目标。因为这能使人们聚精会神搞建设、一心一意谋发展，让一切创造财富源泉涌流、让一切创新能力迸发。改革开放之初，中国共产党把大力解放和发展生产力作为首要根本任务，赢得了全党和全国各族人民的广泛认同，激发了千百万人民群众的积极性、主动性和创造性，从而推动了中国社会大踏步发展，也取得了骄人成就；党的十八大以来，党中央提出逐步实现全体人民共同富裕、不断促进人的全面发展，进而实现社会主义现代化、实现中华民族伟大复兴的总任务和总目标，这不仅激发起全党全国各族人民的奋斗精神，而且具有凝心聚力作用，使人们心往一处想、劲往一处使。这将会进一步推进中国发展并取得重大成就。

第四，采取有效的总体方略会使中国创造奇迹。

实施正确的总体方略，能使人们抓住实现战略目标的"总框架—路线图—牛鼻子"。只有战略目标，而没有采取切实有效的路径和方法，实现战略目标就是一句空话。一个政党创造的执政奇迹与施政方略紧密相关，一个国家的发展奇迹与战略运筹密切相连。毛泽东指出：领导干部要有"战略头脑"，否则"一着不慎，满盘皆输"。[1] "战略问题是一个政党、一个国家的根本性问题。战略上判断得准确，战略上谋划得科学，战略上赢得主动，党和人民事业就大有希望。"[2] 中国共产党善于作战略谋划和战略安排，而战略谋划得好，常常会取得事半功倍的效果。正是由于中国共产党善于作战略谋划和战略安排，而且在战略上判断得准确、谋划得科学、赢得了主动，从而为实现战略目标提供了根本遵循，也抓住了实现战略目标的关键因素。这是创造中国奇迹的一个重要原因。

实施正确的总体方略，能使我们发挥发展优势、补齐发展短板、打牢发展支点。发挥发展优势、补齐发展短板、打牢发展支点，是一个国家、一个地区推进发展的"铁律"。发挥发展优势，

---

[1] 毛泽东：《毛泽东选集》第1卷，人民出版社1991年版，第149、175页。
[2] 习近平：《习近平谈治国理政》第2卷，外文出版社2017年版，第10页。

能实现重点突破，并带动其他方面的发展，进而实现快速发展；补齐发展短板，能实现全面发展和协调发展，进而提升发展质量、效益和水平，使发展具有可持续性；打牢发展支点，能使永续发展具有坚实的基础。改革开放之初，我们相对注重发挥发展优势，注重重点突破，强调使一部分地区、一部分人先发展起来、先富起来；党的十八大以后，中国发展起来了，且努力使大国成为强国。此时，党中央治国理政的一个鲜明特点，就是注重补齐发展短板、打牢发展支点。如在经济领域积极推进精准脱贫，在政治领域主动解决党内政治生活中的"宽松软"问题，在文化领域注重解决"低俗""媚俗""庸俗"问题，在社会领域注重保障民生和推进社会治理，在生态领域注重污染防治，等等，这些，都旨在补齐发展短板，提升发展质量和水平。新发展理念，在实质上就是使大国成为强国的五大根本支点，它必将使中国的发展建立在更为坚实和牢固的基础之上，经得起"风吹浪打""压力测试""高手过招"。历史和实践证明，重点突破、快速发展、全面发展、协调发展、持续发展、高质发展，是创造中国奇迹的一个重要原因。

第五，整合推动力量必将创造中国奇迹。

整合推动力量，能使力量形成合力。推动当代中国发展的力量是多方面的，其中有三种力量最为根本，一是党的领导力量，二是市场配置力量，三是人民主体力量。这三种力量相互制约、相互协调并形成合力，必然形成一种既强大又平衡的能量，从而使中国创造出惊人的奇迹。从改革开放以来中国历史发展的过程看，党的领导力量既能使经济社会发展具有动力，也能使经济社会发展达到和谐。人民群众的"勤劳致富""创造财富""默默奉献""任劳任怨""承担代价",是创造中国奇迹不可忽视的重要因素。市场配置力量,不仅能把民营企业、私营企业、个体工商户的积极性调动起来,解放和发展经济生产力,而且能使从事经济活动的人在市场经济的大海里得到淬炼,从而具有奋斗精神、吃苦精神、开拓精神、创新精神,提升其创新能力。这也是我国经济获得快速发展的一个重要原因。

由于改革开放以来,我们找到了实现社会主义现代化的正确道路,并创造了"中国奇迹",所以完全可以从这条道路中寻求"中国特色社会主义为什么好"的真实答案。

(四)中国道路具有世界历史意义

几十年前,先辈就希望中国对世界做出贡献。梁漱溟就问道:"中国以什么贡献世界?"1956年,毛泽东就指出:进入21世纪,中国的面目要大变,中国应当对人类有较大的贡献。英国历史学家汤因比也曾有类似的发问。几十年后,承继马克思主义对道路问题的一以贯之的持续探索,在马克思主义中国化的历史进程中,中国共产党人把马克思主义与中国具体实际相结合,终于找到了一条能实现社会主义现代化、实现中华民族伟大复兴的中国道路。这条道路为世界发展做出了重要贡献,因而具有世界历史意义。

第一章,我对中国道路的世界贡献作了阐述,侧重于"事实描述",这里,我再对中国道路的世界贡献加以更加深入分析论证,侧重于"本源意义"。

1. 中国道路能够有效克服"后发劣势"

这是中国道路的镜鉴性贡献。

人们认为，发展中国家在现代化道路上具有"后发优势"，即可以利用发达国家已经研发出来的先进科学技术，可以借鉴现代化的管理经验，可以利用外资，也有开放的国际市场、丰富的人口和资源红利。一些国家根据这些"后发优势"制定了"赶超战略"，在一定范围内取得了成功。然而从总体来看，"后发优势"更多体现在现代化的"起飞"阶段，当经济社会发展到一定程度，刘云川、黄相怀所讲的，"优势"就会缩水，反倒是"后发劣势"越来越明显，严重阻碍其现代化进程。

一是不利于发展中国家参与建构世界政治经济秩序。旧的国际政治经济秩序，是由以美国为首的西方国家主导确立的，带有明显的殖民主义和霸权主义痕迹。在现代化道路上，西方国家绝不会轻易给后来者提供平等的公平竞争的机会。在政治领域，西方大国推行强权政治，干涉他国内政，插手地区冲突。在经济领域，西方发达国家力图维护国际生产体系中不合理的国际分工、国际贸易体系中的不等价交换和国际金融体系中的不平等地位。这是世界南北差距问题的根源所在，也是制约发展中国家实现现代化的重要因素。

二是资源、环境、科技、人才等发展要素约束加大。在发达国家现代化历史上，它们从发展中国家掠夺能源和原材料，从未考虑环境保护的义务。同时，其科技、人才力量在世界上的绝对优势地位，亦成为其现代化进程的有力推手。而当发展中国家启动现代化时，这些发展要素和西方国家相比则几乎全处于绝对劣势。虽然中东和拉美一些国家有比较丰富的石油，但其资源构成比较单一，不可能再像当年的"日不落帝国"那样集天下资源为己用。更多的包括中国在内的发展中国家，则不得不面对能源日益短缺的局面、保护环境和可持续发展的两难。在科技领域，西方国家严格限制向发展中国家转让先进和关键技术，设置不合理的商业惯例条款，索取高额的技术转让费用。发展中国家在科教方面的普遍落后，使得许多本国的尖端人才为寻求更好的科研环境而向发达国家单向流动，这就使其人才匮乏的情况更加严重。

三是资金缺乏导致发展动力不足。从世界范围来看，发展中国家普遍缺乏发展所必需的资金。一方面，在国际金融危机前，全球资本主要流向发达国家。2008年，全球外国直接投资（FDI）的1.77万亿美元中，1.1万亿美元投向了发达国家。国际金融危机后，这种局面有所改变，但2011年，流入发达经济体的投资仍然超过发展中国家。而在流入发展中国家的投资中，分布又极不均衡。另一方面，一些发展中国家取得独立后，国家财力长期不足。受制于资金不足，发展中国家的基础设施与公共设施建设长期滞后，而这又反过来导致其投资环境较差，影响了国际资本的流入。

中国道路是最有效打破这三大"后发劣势"的现实选择。首先，中国道路是一条和平发展之路，能够有力推动世界新秩序的构建。在和平共处五项原则的基础上建立国际政治经济新秩序、反对霸权主义，是中国外交政策的重要组成部分。中国一方面合理运用国际规则，另一方面又必须改变那些不合理的国际规则。2015年，中国同欧盟关于光伏产品的一系列谈判，充分表明中国有改变不合理的国际贸易体系的愿望和实力。可以说，中国越是发展，发展中国家打破旧的国际政治经济秩序的机会就越大、筹码就越足。其次，在中国共产党领导下，中国道路能够有效集合全社会的力量，更有力地打破发展瓶颈。在中国，节约资源、保护环境和可持续发展一开始就是国家战略层面的认识，是实践中的"国家行动"，在破除发展要素约束的有效程度上要远远大于其他发展中国家。中国在可持续发展方面，是发展中国家的先行者。在科技和人才方面，中国的体制能够集中力量在一些重点和尖端科技上实现攻关，更好地培养国家所需的应用型人才。神舟飞船的上天、改革开放以来教育事业的蓬勃发展，就是这种优势的直接体现。中国道路能激发劳动人民勤劳致富，为国家和社会创造财富。最后，中国重视储蓄的民族传统和强大的国家财力，能够有效解决发展中国家资金不足的难题。中国人素有崇尚节俭、重视储蓄的传统，国民储蓄率从20世纪70年代至今一直居世界前列，这对缓解发展资金不足、推动经济起飞有巨大的作用。此外，中国经济的飞速发展、税收的激增，以及中国政府对土地等最重要资源的掌控，使中国拥有雄厚的国家财力。这就使中国有能力进行大规模的基础设施建设，办成其他国家很难办成的事关国计民生的大事。

2. 中国道路破解了中国特色社会主义发展进程中的两难命题

这是中国道路的整合性贡献。

中国特色社会主义建设、发展进程中的一个基本事实和本质特征，就是要辩证处理其建设、发展进程所遇到的一系列矛盾关系，其中不乏具有两难命题的矛盾关系，如社会主义和市场经济、效率和公平、又快和又好、资本和劳动、经济全球化和独立自主、跨越式发展和循序渐进，等等。中国道路有助于破解中国特色社会主义发展进程中的系列两难命题。其中主要有：

一是"发展"与"稳定"的两难命题。稳定是发展的前提。但是，对许多发展中国家而言，经济的发展往往伴随政治动荡，政治动荡又反制经济增长。这种"发展"与"稳定"难以兼容的局面，源于现代化所引发的政治、经济和文化领域的系统性变化对传统社会结构和观念造成的强大冲击。只有中国共产党领导下的中国，才真正找到了一条同时保持经济快速发展和国内政治稳定的独立自主发展道路。中国道路坚持共产党的领导，有统一的占主导地位的马克思主义意识形态，这是中国在快速发展的同时能够保持政治稳定的根本原因；中国共产党坚持促进公平正义、增进人民福祉，这既有利于调动广大人民群众的积极性主动性创造性，也有利于促进社会和谐稳定。与诸多发展中国家党派林立、攻讦不止，以及思想意识形态领域的纷繁芜杂相比，中国始终坚持共产党的领导，坚持马克思主义在意识形态领域的指导地位，为经济社会稳定发展提供了"定海神针"。一党执政、多党参政的政治局面，使中国共产党既能广纳各党派、各群体的智慧，又能保持政策的稳定性与连续性。走中国道路是在全党全民族思想认识高度统一的情况下做出的决定，在改革开放的问题上达成了最广泛的全民共识。不仅如此，中国道路所蕴含的"三种根本机制"，也有助于解决发展与稳定的统一问题。显然，这条道路能破解"发展"与"稳定"的两难命题。①

二是"对外开放"与"独立自主"的两难命题。从发展中国家的实践来看，对外开放是一把双刃剑，开放的代价，往往是丧失独立自主的发展权利。西方国家以巨额投资、经济援助为诱饵，使众多发展中国家纷纷向西方资本敞开大门，按照西方游戏规则行事，成为资本主义链条上的被动一环。拉美国家经济长期依赖外资，这样一旦外资撤走，本国经济就会面临崩溃。中国道路既坚持正确的政治方向，又坚持正确的政治立场，既立足中国国情，又兼收并蓄，既不忘本来，又吸收外来，因而有助于解决对外开放和独立自主的统一问题。具体来说，发展中国家经济抗风险能力低，与其本国本民族经济薄弱、特别是国家直接掌控的重要经济部门相对弱小有直接的关系。而中国强大的国有经济和宏观调控能力，能够有效防止发达国家控制本国经济命脉，保持政治经济发展的独立性和自主性。不仅如此，中国国有经济牢牢掌握着能源、交通、金融等重要工业和服务业，国民经济发展最重要的资源——土地资源一直坚持全民所有。这一方面有利于宏观调控，另一方面也能够有效防止发达国家利用自身的资本优势控制本国经济的要害部门。因此，中国的独立自主、自力更生有实实在在的制度支撑。②

---

① 这"三种根本机制"，就是在"引言"中所讲的"动力机制、平衡机制、治理机制"。后面会专辟一章，来阐释"三种根本机制"。
② 参见刘云川、黄相怀《中国道路破解了一系列发展中国家现代化难题》，《求是》2014年第1期。

3. 中国道路使科学社会主义在当代中国焕发勃勃生机

这是中国道路对科学社会主义、世界社会主义的历史性贡献。

社会主义由空想到科学，由理论到实践，由一国到多国，已经走过了500年的发展历程。以《共产党宣言》发表为标志，科学社会主义已诞生170多年。20世纪80—90年代，社会主义在苏联解体、东欧剧变之后一度处于低潮，"社会主义失败论""中国崩溃论""历史终结论"等也曾狂躁一时。然而，中国共产党人顶住各种风险压力，坚定不移地走中国特色社会主义道路，并与时俱进地拓展和完善中国特色社会主义道路，从而使中国特色社会主义道路越走越宽广，使科学社会主义在21世纪的中国焕发出强大生机活力。邓小平在党的十二大开幕词中第一次提出"建设有中国特色社会主义"的重大思想时，指出这是总结历史得出的结论。从那时起，中国共产党人就坚定不移地走中国特色社会主义道路。经过几代中国共产党人一以贯之的接力探索，中国特色社会主义进入了新时代。在新时代，中国共产党人更加以永不懈怠的精神状态和一往无前的奋斗姿态为实现强起来而持续奋斗，进而使社会主义包括科学社会主义、中国特色社会主义走向高潮。科学社会主义代表了人类未来的发展方向，世界社会主义将在21世纪迎来新的高潮。中国作为目前世界上最大的社会主义国家，完全有信心有能力继续扛起科学社会主义旗帜，朝着实现中华民族伟大复兴的伟大梦想阔步前行。

4. 中国道路拓展了发展中国家走向现代化的路径

这是中国道路对发展中国家走向现代化的引导性贡献。

实现现代化是世界各国共同的愿望。发展中国家如何走向现代化？这是一个实践课题，也是一个世界课题。"拉美现象"表明：许多发展中国家建设现代化陷入了对西方模式的路径依赖，用西方的"鞋"套本国的"脚"，最终以陷入困境而告终。当时一些拉美国家纷纷走西方的"路"，不但没有解决好自身的发展问题，反而导致两极分化、环境污染，使本国发展陷入低谷。1978年以来，中国共产党根据中国的历史、文化、传统、国情，自主选择自己的发展道路，并坚定不移地走自己的路，既解决了中国"欠发展"的问题，又改变了长期以来西方现代化模式占主导地位并垄断话语权的格局，打破了"把全球化＝西方化、把西方化＝现代化、把现代化＝市场化"的思维定式和"美丽神话"；不仅使中国人民富起来了，而且将迎来从富起来到强起来的伟大飞跃。由此，中国道路给发展中国家的最大启示就是：世界上没有放之四海而皆准的发展模式，各个国家走向现代化的"走法"不是唯一的；发展中国家要走向现代化，不能再走西方的路，而应根据本国的历史、文化、传统、国情，自主选择自己的发展道路，并坚定不移地坚持走自己的路，注重本国发展道路的内生性、独立性、自主性和主体性。只有这样，本国才能获得其生存发展的主动权、主导权。

5. 中国道路给世界上那些既希望加快发展又希望保持自身独立性的国家和民族提供了全新选择

这是中国道路对发展中国家走向现代化的引导性贡献。

发展中国家既希望加快发展，又希望保持自身独立。要做到这两点，可以从中国道路中获得启示。中国道路打破了对西方道路的路径依赖，既能加快中国发展又保持了自身独立性。走一条什么样的发展道路，是包括中国在内的所有发展中国家面临的一道难题。实现现代化是世界各国共同的愿望。发展中国家如何走向现代化？这是一个实践性课题，也是一个世界性课题。第二次世界大战以后，在以苏联为代表的社会主义国家之外，多数发展中国家的现代化是仿照西方模式进行的。西方为发展中国家指出的现代化路径，是以20世纪20—30年代形成的新自由主义为理论基础。该理论的基本主张是"市场化""自由化"和"私有化"。1989年，在美国政府和西方金融界的推动下，形成了指导拉美经济改革的十项政策主张，后来被称为"华盛顿共识"，其核心内容与新自由主义一脉相承。然而，这一所谓"共识"自20世纪90年代在拉美推行以来，拉美国家连续发生经济和金融危机，面临严重的经济衰退、两极分化和尖锐的社会矛盾。苏东剧变后，新自由主义的"休克疗法"一度令东欧陷入严重的经济衰退。可以说，新自由主义在全球的泛滥，令广大发展中国家饱尝苦果。

中国道路，是一条成长于资本主义体系之外、从根本上摆脱对西方路径依赖的现代化道路。当中国向世人展示了完全不同于西方设定的发展路径和辉煌成就时，世界开始注目东方。中国道路，与新自由主义和"华盛顿共识"有着根本的区别。从制度前提看，中国特色社会主义制度以人民代表大会制度为根本政治制度，实行中国共产党领导的多党合作和政治协商制度等基本政治制度；以公有制为主体，多种经济成分并存和共同发展。从指导思想看，中国的社会主义市场经济制度高度重视宏观调控，强调发挥计划与市场两个手段的长处。从政府在经济活动中的作用看，包括许多西方学者在内的学者们研究表明，中国道路之所以成功，是因为它不仅拥有一个"大政府"，而且拥有一个"好政府"。所有这一切，与新自由主义以资本主义政治制度和推行私有制为基本的政治经济前提、主张政府不干预经济的"小政府"形成了巨大的反差。此外，中国道路还有一些鲜明特点，如出口导向型政策、高储蓄率和投资率、重视教育和人力资源开发等。这些特征，共同构成了中国道路的具体内涵。

林毅夫认为，中国作为一个发展中国家和转型中国家，在现代化进程中面临的挑战和机遇与其他发展中国家和转型中国家在本质上较为接近。理论的适用性取决于条件的相似性。能够解决中国现代化进程中所面临的困难，把握发展机遇，推动中国较好较快地实现现代化的理论，对于处于相同发展阶段的发展中、转型中国家来说，必然要比发达国家创造的理论更具参考价值和借鉴意义。[1] 事实证明，恰恰是与西方所推崇的发展模式相区别的中国道路，最有力地推动了本国的发展，中华民族以昂扬的姿态自立于世界民族之林，中华民族伟大复兴的中国梦一定会变为现实。中国道路向世界

---

[1] 玛雅：《道路自信：中国为什么能》，中信出版社2014年版，第36页。

昭示，每个国家都应当根据本国的具体国情来选择自己的发展道路。中国道路向世界昭示，社会主义制度、强有力的政府、混合经济、宏观调控，同样可以成为现代化的成功因素。在未来，中国模式将进一步打破新自由主义和"华盛顿共识"的迷思。

由此，许多发展中国家都希望加快发展，又希望保持自身的独立性，可以从中国道路中获得启示。中国道路坚持中国共产党领导，注重基于历史方位并与时俱进地确定战略目标，且采取有效的总体方略并以一张蓝图绘到底的恒力来实现战略目标，还注重市场配置力量，这显然有助于加快发展；同时，中国道路在坚持中国共产党领导的前提下，积极使党政主导力量、市场配置力量、人民主体力量形成合力，保持了中国发展的独立性。其他一些发展中国家希望加快发展，就要坚持本国执政党的正确领导，根据历史和时代的发展变化以及实践发展新要求，正确确定本国发展的战略目标及其实现战略目标的总体方略，发展市场经济；同时，要保持自身发展的独立性，就既要根据本国的历史、文化、传统、国情，自主选择本国的发展道路，把本国的生存发展的主动权、主导权牢牢掌握在自己手中，又要坚持本国执政党的正确领导，坚持以本国人民为中心的发展思想，紧紧依靠本国人民，一切为了本国人民，坚持以本国人民至上。

6. 中国道路为解决人类问题和为人类对美好社会制度的探索贡献了中国智慧

这是中国道路对人类发展的创新性贡献。

中国道路为人类对美好社会制度的探索贡献了中国智慧。2008年国际金融危机之后，整个世界面临三大根本性难题：全球经济增长动能不足；全球发展失衡；全球治理滞后，这就是所谓的"发展赤字、和平赤字、治理赤字"。中国道路蕴含着"动力、平衡和治理"三种根本机制，它可为解决这三大难题贡献中国智慧。中国道路注重解决发展动力问题，它蕴藏着强大的发展动力，汇聚着强大的发展能量，具有不断生成的动力机制。如它坚持中国共产党的正确领导，注重整合党政主导力量、市场配置力量、人民主体力量并形成合力，注重根据历史方位与时俱进地确定战略目标，并采取有效的总体方略予以实施，这必然汇聚成强大的发展动力。中国道路也注重解决发展的平衡问题，它蕴含着保持平衡、和谐的因素，具有不断生成的平衡机制。如它强调坚持中国共产党领导，这种领导，既注重激发经济社会发展的动力，也注重保持经济社会发展的平衡；在所确定的战略目标和总体方略中，也包含着对平衡、和谐、稳定问题的关注；它还强调以人民为中心，而以人民为中心，就包含着一切为了人民，把人民对美好生活的向往作为奋斗目标，其中的美好生活，自然包含对共享发展、和谐社会的追求，对人民群众的获得感、幸福感、安全感的关注，对互利普惠的向往。中国道路还蕴含着治理机制，因为坚持中国共产党领导，就蕴含着中国共产党对国家、社会的治理；立足历史方位，意味着要坚持与时俱进，而与时俱进则意味着不断地推进全面深化改革，全面深化改革的总目标之一，就是推进国家治理体系和治理能力现代化；在总体方略中，它包含着协调推进"四个全面"战略布局，在这一布局中，包含全面依法治国，其中就蕴含着治理；注重人民主体力量，更意味着要依靠人民积极参与国家治理和社会治理。这三种根本机制，能为解决全球经济增长动能不足、全球发展失衡、全球治理滞后的问题，提供中国智慧。

　　进一步深入来说，近年来一些西方国家出现了诸多困境。资本主导是导致西方困境的总根源。资本主义性质和基因决定了西方国家在各个领域必然遵循资本主导的逻辑。自资本主义在西欧兴起以来，一部世界近代史就是一部资本主导逻辑驱动下的资本主义全球扩张史。从历史角度来看，资本创造了近代工业文明，推进了世界发展。然而就其实质来讲，资本的本性是通过运动实现价值增值，而资本的运动是无休止的，哪里能够实现价值增值，它就会出现在哪里。资本主导的逻辑以在全世界范围内追逐和攫取剩余价值为目的，而当西方从其主导的世界体系中过度攫取并挥霍超额利润，使得全球市场出现社会需要严重不足时，当某个阶段市场空间和技术创新的红利被攫取殆尽时，资本主义就必然出现困境。这种困境，在经济领域体现为实体经济不振，在政治领域体现为调节无力，在社会领域体现为贫富差距拉大，在意识形态领域体现为虚伪性暴露。西方困境说到底是以资本为主导的逻辑所导致的制度缺陷造成的，是基因型、制度性缺陷，这恰恰为"中国智慧"的出场提供了宏大的世界性场景。中国及时启动改革开放，参与经济全球化，为世界做出了生存性贡献、发展性贡献、和平性贡献、文化性贡献。其核心原因，就是在中国共产党领导下，中国找到了一条立足中国国情、解决中国问题、促进中国成功的中国特色社会主义道路。这条道路是中国为人类对更好社会制度的探索提供的中国智慧；它注重利用资本但不被资本所俘虏，注重运用资本但不让资本占主导，坚持中国共产党领导，坚持以人民为中心；它是一条注重自主创新并具有内生动力的道路，是一条注重凝聚共识并调动各方积极性的道路，是一条既注重中国特色并尊重世界文明多样性的道路。

中国道路还为解决人类问题贡献了中国智慧和中国方案。中国道路蕴含着"动力机制、平衡机制和治理机制"三个根本方面，它可为解决人类问题贡献中国智慧和中国方案。中国道路注重解决发展动力问题，它蕴藏着强大的发展动力，汇聚着强大的发展能量，具有不断生成的动力机制。

7. 中国道路终结了"西方中心论""历史终结论"

这是中国道路对世界的理论性贡献。

中国道路打破了西方对于现代化道路解释权的垄断，把世界现代化道路从单选题变成多选题。在中国改革开放初期，"西方中心论""历史终结论"甚嚣尘上、盛极一时，它认为西方是整个世界的中心，西方道路是世界上最好的，西方标准就是世界标准，西方的今天就是世界的明天，西方的历史已经达到人类历史的制高点，非西方国家只有走西方道路才有出路。2008年国际金融危机发生后，西方国家逐渐暴露出一系列自身难以克服的矛盾、难题。与此同时，非西方国家尤其是东方国家逐渐发展起来。改革开放以来，中国发展速度惊人，逐步缩小了与西方发达国家的差距，对世界历史发展的影响越来越大，正在出现"世界百年未有之大变局"。这表明：现代化的方向无法绕开，但道路可以选择；中国道路是在中国的历史性实践中逻辑地生成的，是具有完全自主知识产权的"中国智造"；它作为一种全新的现代化路径，打破了西方对于现代化道路解释权的垄断；把世界现代化道路从单选题变成了多选题；它终结了"西方中心论""历史终结论"的神话，就连提出"历史终结论"的福山，在伊拉克战争结束之后，他对自己提出的"历史终结论"也表现出收缩之势，甚至承认"历史终结论"具有历史局限。

第 三 章

大国成为强国需要为世界贡献"中国理论"

厘清中国道路的核心内容及其本源意义之后,接着的逻辑,就是要对中国道路做出理论阐释或理论论证,即用中国理论阐释中国道路。这就要进一步深入研究"中国理论"的构建问题。

中国特色社会主义进入新时代,意味着久经磨难的中华民族迎来了从站起来、富起来到强起来的伟大飞跃。实现强起来,既有物质或硬实力方面的强起来,也有精神或软实力方面的强起来,其中包括理论、思想上的强起来。对于前者,人们相对注重;而对于后者,人们有所忽视。这是需要我们解决的一个重大问题。我们已经到了构建"理论中的中国"或"中国理论"的时候了。如果一个国家在物质上强起来了,而在理论、思想上还没有强起来,那不是真正的强起来。中国要实现强起来,还要注重从理论、思想方面强起来。我们应把理论、思想上的强起来置于实现强起来的应有位置,进而积极构建"理论中的中国"或"中国理论",彰显理论的力量,并以此来抵御西方带有"病毒"的理论。

第三章 大国成为强国需要为世界贡献"中国理论"

◇◇ 一 把理论创新置于实现强起来的应有位置

真正的强大，当然首先是物质硬件上的强大，诸如经济、科技、军事的强大，同时也必须包括理论、思想上的强大。从哲学上讲，整个世界从根本上可以划分为物质世界和精神世界两大类，精神世界具有相对独立性，也具有强大的反作用，其地位和作用不可低估。只有把物质世界和精神世界统一起来，才是一个完整的世界。没有物质世界的强大，一个国家发展就缺乏坚实的物质基础和物质支撑；没有精神世界的强大，一个国家发展就缺乏灵魂、气质、品格、格局，其物质强大也不会持久。理论、思想的强大，自然是物质硬件强大基础上的延续和发展。

世界上强大的国家，在理论、思想上大多具有重要的建树。美国依然是当今世界最强大的国家，美国专家学者提出了诸多理论、思想，而且其中许多理论、思想在当今世界具有重大影响。美国专家学者提出的"文明冲突论""文化软实力论""历史终结论""新实用主义"等，便是如此。尽管其中一些理论、思想带有某种"病毒"，在世界上具有负作用，但其影响力依然存在。德国也属于世界上强大的国家之一，其理论家、思想家也比较多。德国一些理论家、思想家提出了一系列思想、理论，其中许多思想、理论影响也比较大。从德国古典哲学到马克思、恩格斯所创立的新哲学，至今依然具有强大的影响力。杜威（John Dewey）的实用主义，叔本华、尼采的唯意志论，雅斯贝斯（Karl Jaspers）的存在主义，海德格尔（Martin Heidegger）的存在主义，彼得楚尔特（Josef Petzoldt）的经验批判主义，马克思·韦伯的理想行政组织体系理论、权力的分类理论和理想行政组织的管理制度理论等，至今依然具有较大影响力。英国、法国、日本也属于世界上较为强大的国家，也涌现出不少理论家、思想家，他们的理论、思想至今仍影响着世界。

当今中国发展已经进入新的历史方位，这就是中国发展起来以后使大国成为强国的历史方位。这既意味着中国在物质方面逐渐强大起来了，也意味着在物质方面要继续强大起来的同时，还需要在精神方面强大起来。精神方面的强大，主要体现在成为"文化强国"，而"文化强国"的核心，是具有原创性、标识性、代表性的中国理论、中国思想、中国价值观及其所具有的世界影响力，而且这些理论、思想能解决中国问题和人类问题。只有在物质硬实力方面强起来而且也在精神文化或思想理论方面强起来，才是真正的强起来，如果精神文化或思想理论方面还没有真正强起来，那不是真正的强起来，也不会真正得到世界的认同，也会时常听到"中国只会出口电视机而不会生产价值观"的嘲讽。中国共产党之所以提出"五位一体"总体布局，很重要的一个考量，就是要注重全面发展，其中包括文化发展。而文化发展的核心内容之一，就是注重理论、思想的原创和建树。

习近平同志指出："这是一个需要理论而且一定能够产生理论的时代，这是一个需要思想而且一定能够产生思想的时代。"我们不能辜负了这个时代。在新时代，文艺创作、学术创新拥有无比广阔的空间，要坚定文化自信、把握时代脉搏、聆听时代声音，坚持与时代同步伐，坚持以人民为中心，坚持以精品奉献人民，坚持用明德引领风尚。因此，新时代呼唤着杰出的经济学家、政治家、文学家、艺术家、社会学家，呼唤理论家、思想家。[①] 习近平同志指出，一个国家、一个民族不能没有灵魂。文化文艺工作、哲学社会科学工作就属于培根铸魂的工作，在党和国家全局工作中居于十分重要的地位，在新时代坚持和发展中国特色社会主义中具有十分重要的作用。[②] 这就是说，一个日趋走近世界舞台中央的中国，必须在理论上强起来，在思想上站起来，不仅要为世界贡献更多的物质产品，也要为解决人类问题贡献更多的中国智慧、中国理论、中国思想、中国方案，从而彰显中国理论的力量。然而，当今中国的理论、思想建构还没有完全达到时代发展所要求的水平。因此，反映时代需求和呼声，构建中国理论，彰显中国理论的力量，属当务之急。

◇◇ 二　理论力量必须用理论力量来摧毁

近代以来、尤其是改革开放以后，西方对中国产生了较大影响。西方的器物、技术、资本、制度、管理等方面，对中国都产生

[①] 习近平：《在哲学社会科学工作座谈会上的讲话》，人民出版社2016年版，第8页。

[②] 习近平：《坚定文化自信把握时代脉搏聆听时代声音　坚持以精品奉献人民用明德引领风尚》，《人民日报》2019年3月5日第1版。

了影响，但影响最大、最深刻、最持久的，当属西方的思想、理论。一段时间以来，中国学术界、理论界"唯西方"马首是瞻，凡事言必西方，中国的经济学、政治学、社会学、法学、历史学等学科，受西方影响相对比较大。当然，向西方学习，一定意义上有利于拓展我们的学术研究视野，拓宽我们的学术研究空间，提升我们的思维格局。然而，这也给中国的意识形态带来极大挑战：在中国有些地方、有些领域出现了"耕了西方地、荒了中国田"的现象，我们一些人的头脑成为西方思想理论的"跑马场"，西方某些带有"病毒"的理论、思想冲击、侵蚀着我们的思想长城、精神长城、心理长城，毒害着我们的头脑和思想，给中国意识形态带来极大风险。

　　马克思曾经讲过，物质力量只能用物质力量来摧毁。同理，我们认为理论力量只能用理论力量来摧毁。要摧毁西方带有"病毒"的错误的理论力量，其中一个最好的办法，就是提升我们在理论上、思想上的"免疫力"。这个"免疫力"，就是要积极构建我们中国自己的理论，构建立足中国国情、解决中国问题和世界问题、促进中国成功、影响世界的"中国思想""中国理论"。当我们自身肌体的免疫力增强了，就有助于抵抗外部世界、周围环境的病毒，当我们自身的理论、思想"免疫力"增强了，就会增强我们自己的理论判断力、理论鉴别力、理论抵抗力，从而自然就有利于抵御西方带有"病毒"的思想理论的侵蚀。如果不注重提升我们理论的"免疫力"，只满足于喊出"坚决批判""坚决斗争"等震撼世界的词句，是难以从根本上破除带有"病毒"的错误的理论和思想的。习近平同志 2016 年 5 月 17 日《在哲学社会科学工作座谈会上的讲话》中强调指出：我们不仅让世界知道有一个"舌尖上的中国"，更应该让世界知道有一个"理论中的中国"。① 这就充分表达了构建中国理论的紧迫性和重要性，更意味着理论的力量是一种绝对不可忽视的力量，是一种抵御西方理论、思想"病毒"的有效力量。

理论力量有其来源。第一，它来自理论思维能力的提升。要提升理论思维能力，最好的办法，正像恩格斯所讲的，要学习哲学和哲学史。这实际上是一种最好的理论思维能力的训练，因为哲学是时代精神的精华，人民最精髓、最智慧的精华都体现哲学里。第二，它来自具有原创性的理论建构。这种理论能反映历史规律，体现时代精神，反映实践需要，关注民众呼声，也能深入人民的心灵世界，以大众化的方式为人民群众所掌握。因为理论的实现程度，取决于它满足国家发展需要和人民发展需要的程度。第三，它来自能为解决中国问题和世界问题即人类问题贡献智慧和方案。能解决问题的理论必然是具有影响力的理论，即具有力量的理论。

理论力量有其具体体现。其一，对理论的信仰。人们一旦对一种理论产生一种信仰，这种理论就会直接指导他们的行动或活动。如唯物主义、唯心主义、新自由主义、西方中心论，以及一些宗教理论，当然，更值得一提的是马克思主义等。其二，理论为人民所

---

① 习近平：《在哲学社会科学工作座谈会上的讲话》，人民出版社 2016 年版，第 17 页。

掌握。理论一旦被人民群众所掌握，就能变成强大的物质力量。比如，改革开放40多年以来，中国之所以取得这么大的成就，堪称"中国奇迹"，就与邓小平理论、"三个代表"重要思想、科学发展观、习近平新时代中国特色社会主义思想的直接指导有关，与这些指导思想为人们所理解和掌握有关。其三，理论的聚心、攻心作用。思想理论具有凝聚人心或攻心的作用。西方意识形态的一个重要功能，就是用其文化、价值观、思想理论来攻心。比如，他们所谓的"普世价值""宪政民主""新自由主义"等，就具有攻心的作用。这种理论力量对我们具有负作用，但也从一个侧面表明理论的力量。中国共产党人之所以强调要加强思想理论建设，用指导思想武装全党、教育人民，其中很重要的，就在于思想理论具有凝聚人心、凝聚共识的作用。正因如此，我们强调积极培育和践行社会主义核心价值观，注重用实现中华民族伟大复兴中国梦来画出最大的同心圆。其四，对理论的话语表达。话语的背后是道。思想理论能提升一个国家的形象和品质，而对思想理论的表达，是呈现理论力量、思想理论的一个关键因素。其五，理论的逻辑。理论逻辑的魅力是理论力量的一种体现，一种理论若具有严密的逻辑，其呈现出的逻辑力量之影响力也不可小觑。其六，理论能揭示客观真理，并能满足合理政治发展的需要。正确的思想理论意味着对客观真理的科学认识，而对客观真理的认识有助于做出科学决策，科学决策有助于做正确的事。从这个意义上，政治需要思想理论支撑，能支撑政治的思想理论必然具有影响力，呈现出理论的力量。

◇◇ 三 深入把握中国理论及其构建路径

既然理论力量如此重要,那就要自觉主动地去构建中国理论。那么,如何构建中国理论?中国理论的核心要义是什么?

需要从以下五个方面入手,来构建中国理论。

第一,需要以习近平新时代中国特色社会主义思想为理论基础和思想来源。习近平新时代中国特色社会主义思想是对新时代或中国发展新的历史方位及其实践发展新要求的全面理解和深入把握,是对中国特色社会主义的坚持和发展,是当代中国马克思主义、21世纪马克思主义的最新成果,是实现中华民族伟大复兴的行动指南。当今我们要构建中国理论,习近平新时代中国特色社会主义思想是根本遵循,也是理论基础,更是思想来源。

第二,需要厘清"六大逻辑"。哲学社会科学工作者要接地气,就是要走出"象牙塔",深入实际、深入人民群众进行调查研究,全面深入理解和把握近代以来中国发展的历史逻辑,理解和把握建党以来近100年中国共产党成立发展壮大的历史逻辑,理解和把握新中国成立70年以来发展的历史逻辑,理解和把握40多年中国改革开放和社会主义现代化建设的历史逻辑,理解和把握党的十八大以来中国特色社会主义进入新时代的发展逻辑,进而理解上述"逻辑"中所蕴含的中国人民的奋斗逻辑,从而把中国历史、中国现实与中国问题搞清楚,把中国奇迹背后的中国道路、中国理论、中国制度、中国文化的优势搞清楚，把好中国脉、开好中国方。只坐在"象牙塔"里，面对的都是问题；走出"象牙塔"，就能找到解决问题的办法。只有深入基层，深入实践，深入人民群众，才能读懂中国发展的现实逻辑，才能真正理解和把握中国问题，进而才能真正用中国理论解释好中国实践，才能真正为人民立言。

第三，需要贯通中西。历史是最好的教科书，是最好的清醒剂。因而要具有历史思维，从中国的历史、文化、传统中寻找血脉、基因和源流；同时，还要汲取西方文明、西方文化中的一些有益的合理因素；还要把握时代发展趋势。这叫作不忘本来、吸收外来、面向未来。

第四，需要基于中国道路。中国奇迹的根源、本源在于中国道路，中国奇迹发源于中国道路，中国道路是中国奇迹的发源地。因而，我们要从中国奇迹的背后揭示出中国道路的优势，从中国道路中发掘中国奇迹的密码。简言之，中国奇迹要到中国道路中去寻找。因为中国道路蕴含着领航者（谁在领航、往哪领航）、历史方位（我在何处）、战略目标（走向何方）、总体方略（走法如何）和推动力量（何以推动），而领航者、对历史方位的判断、对战略目标（方向）的确定、对总体方略的选择、对推动力量的整合，从根本上推动着中国发展，进而促进中国走向成功。正因如此，中国道路应成为并且也是中国理论的发源地或实践基础，我们必须用中国理论来阐释中国道路，或者说要基于中国道路来构建中国理论。坚强领导、历史方位、战略目标、总体方略、推动力量，构成中国道路的核心要素。中国道路的坚强领导者，是中国共产党；中国道路存在于、形成于不断发展着的历史方位；中国道路中的战略目标，是通过解放和发展社会生产力、逐步实现全体人民共同富裕、不断促进人的全面发展，来建成社会主义现代化强国，实现中华民族伟大复兴；中国道路中的根本路径或总体方略，是贯彻落实新发展理念，实施"两大布局"，从而集中解决人民日益增长的美好生活需要和不平衡不充分的发展之间的矛盾；中国道路中的推动力量，是党政主导力量、市场配置力量和人民主体力量及其合力。我们要基于这五个核心要素来构建中国理论。偏离这五个核心要素，所构建的中国理论就是"无源之水、无本之木"。

第五，哲学社会科学工作者要有信仰有情怀有担当。对马克思主义理论缺乏信仰，对马克思主义中国化时代化发展规律缺乏把握，对习近平新时代中国特色社会主义思想缺乏研究，是难以构建中国理论的。哲学社会科学工作者肩负着启迪思想、陶冶情操、温润心灵的重要职责，承担着以文化人、以文育人、以文培元的使命，必须具有对党、国家和人民的情怀。这种情怀，第一是用心，与党、国家和人民心连心，与党、国家、人民心心相印，把党、国家和人民的事业放在心上，把人民对美好生活的追求放在心上。与党、国家、人民的"心"相距甚远，是构建不了中国理论的。第二是用情，把哲学社会科学工作这一职业当作事业，既以真挚的职业情怀研究党、国家和人民，书写党、国家、人民，把党和国家的事业发展书写好，把当代中国人民的精彩生活表达好展示好，又以高尚的道德情操着眼于人们的需要解疑释惑、阐明道理，为人民述学立论、建言献策。第三是用功，集中体现为推进哲学社会科学研究的中国化时代化大众化的功力。马克思说，"理论只要彻底，就能说服人。所谓彻底，就是抓住事物的根本"，而事物的根本在于抓住"中国化时代化大众化"这根弦。这就是说，要构建中国理论，坚持并不断推进马克思主义中国化时代化大众化，是尤为重要的。只有如此，才能真正写出时代名篇和历史杰作。

基于上述路径来构建中国理论，简要来说，我们所要构建的中国理论就是关于中国发展起来以后使大国成为强国即实现强起来的"强国理论"。因为中国特色社会主义进入新时代，中国发展进入新的历史方位，所要解决的根本问题，就是关于中国发展起来以后使大国成为强国的问题，解决"大而不强"的问题。这一"强国理论"展开来说，包括以下核心要义：历史方位论——中国发展起来以后（实现强起来的历史方位）；民族复兴论——使大国成为强国（实现强起来的历史使命和奋斗目标）；人民中心论——使人民过上美好生活和人民幸福（实现强起来的价值导向）；发展理念论——新发展理念（实现强起来的根本之道）；"两大布局论"——统筹推进"五位一体"总体布局、协调推进"四个全面"战略布局（实现强起来的总体方略）；战略安排论——"新三步走"战略（一个决胜期即全面建成小康社会；基本实现社会主义现代化；全面建成社会主义现代化强国，这是实现强起来的总体方略）；强军战略论——富国必须强兵，强国必须强军（实现强起来的军事保证）；命运共同体论——世界多样、国家平等、文明互鉴、包容发展、互利普惠（实现强起来的国际环境）；深化改革论——改革是决定当代中国命运的关键一招，是实现中华民族伟大复兴的关键一招（实现强起来的根本动力）；强大政党论——建设世界上最强大的政党（实现强起来的领导力量）。这一"强国理论"好比一座理论大厦：历史方位论，好比一座高楼大厦的"地基"；民族复兴论、人民中心论，好比夯实在这一"地基"之上的"两大基石"；发展理念论、"两大布局论"（"总体布局"和"战略布局"）、战略安排论，好比分别是从道、术、行来讲的立在"两大基石"的"三根柱子"；强军战略论，好比一座高楼大厦的"铜墙铁壁"和"挡风遮雨的房顶"；命运共同体论，好比一座高楼大厦的"周边环境"；深化改革论，好比盖一座高楼大厦的"建筑工"；强大政党论，好比盖一座高楼大厦的工程师和设计师。这一"强国理论"也具有严密的内在逻辑：历史方位论属于立论基础；民族复兴论和人民中心论属于奋斗目标；发展理念论、"两大布局论"、战略安排论属于基本路径（或总体方略）；强军战略论、命运共同体论和深化改革论属于根本保障；强大政党论属于领导力量。

对这一强国理论，下面我们还要专辟一章进行阐述。

第 四 章

强国时代、强国逻辑
需要强国理论（上）

我们需要构建的"中国理论"，是"强国理论"。因为当今中国处在由大国成为强国即实现强起来的时代，可称之为强国时代。强国时代需要解释强国逻辑。强国时代、强国逻辑需要产生强国理论。

研究马克思主义理论，有一种较为根本的原则和思路，就是既要用学术讲政治，也要从政治找学术。党中央的一系列路线方针政策里蕴含着当代中国发展的大逻辑，蕴含着当代中国发展的现实逻辑。我们要对这个现实逻辑进行理论回答。因此，我们完全可以从重大的政治文献、政治问题中找到学术研究的生长点，拓宽我们学术研究的空间。党的十九大报告提出了很多重大政治论断，其中一个重大政治论断是其他所有论断的基础。这个论断就是："经过长期努力，中国特色社会主义进入了新时代，这是我国发展新的历史方位。"[①] 就这个论断，可以提出三个学术上的重要问题：一是中国特色社会主义进入

---

① 《中国共产党第十九次全国代表大会文件汇编》，人民出版社2017年版，第8页。

了新时代,这到底是一个什么样的新时代?二是进入新时代以后,中国特色社会主义发展的逻辑是什么?三是在这样一个新时代,在这么一个逻辑中,它必然会产生一种新的理论,也就是习近平新时代中国特色社会主义思想。那么,习近平新时代中国特色社会主义思想到底是个什么样的理论?对这三个问题的回答,我将其概括为"强国时代、强国逻辑、强国理论"。这三个问题,都是从重大的政治文献、政治问题中提炼、概括出来的,这就是从政治找学术。

◇◇ 一 解读"强国时代":中国发展起来 以后使大国成为强国

"经过长期努力,中国特色社会主义进入了新时代,这是我国发展新的历史方位。"[①] 这是党的十九大报告提出的一个具有立论基础和根本前提意义且特别值得所有人文社会科学从学理上进行深入研究的重大论断。基于"用学术讲政治、从政治找学术"这一原则和思路,我们认为,学界首先需要深入分析新的"历史方位"问题。

(一) 新时代"历史方位"的基本内涵

首先,要定义哲学视域中的历史方位。

[①] 《中国共产党第十九次全国代表大会文件汇编》,人民出版社2017年版,第8页。

方位，即方向和位置，通常意义上是判断某一物理实体所处时空状态而使用的概念。作为一般社会科学所使用的"历史方位"，则主要指某种社会历史事件所处的阶段或状态，如"我国社会主义所处的历史方位"①"中国私营经济存在的历史方位"②"邓小平理论的历史方位"③等。21世纪特别是党的十九大以来，学界围绕"新时代中国特色社会主义"掀起了"历史方位"的研究热潮。虽有众多研究成果问世，但从最为根本的哲学层面来研究"历史方位"的成果相对较少。我们以为，全面理解和深入揭示"新时代"的本质特征与发展逻辑，深刻把握习近平新时代中国特色社会主义思想之丰富内涵与精神实质，有必要从哲学层面对"历史方位"加以审视。

从哲学层面来讲，"历史方位"可以从"从哪里来""现在何处""到哪里去"三个方面去理解。

关于"从哪里来"。它关涉的是"历史方位"的"来源"或"依据"。任何一种"实在"都不是"无中生有"，而是有其产生的依据，否则就会成为"无源之水、无本之木"。正如马克思所说："历史的每一阶段都遇到一定的物质结果，一定的生产力总和，人对自然以及个人之间历史地形成的关系，都遇到前一代传给后一代

---

① 陈荣富：《论我国社会主义所处的历史方位》，《马克思主义研究》1989年第2期。

② 耿刚：《论中国私营经济存在的历史方位》，《吉林大学社会科学学报》1991年第4期。

③ 王兆铮：《邓小平理论的历史方位》，《中共中央党校学报》1997年第3期。

的大量生产力、资金和环境。"① 也就是说,新的"历史方位"的出现,首先必然是一种"继承",必然有其"来源"或"依据"。

关于"现在何处"。它回答的是"我是谁",即"历史方位"的"本质与内涵"问题。它主要包括"历史"这一"主体"在"时间"上的起止与"空间"上的"占位"。"时间"上的起止,即"历史方位"的"区间"界定;"空间"上的"占位",即"历史方位"的内容"勘定"。当然,对"历史方位"的总体界定,必然有其相对的"参照系"。

关于"到哪里去"。它回答的是"历史方位"的"去向"问题,它必然内含着"从何出发"的问题,因而说到底是"历史方位"的"起点"与"目标"问题。这里的"起点"与"目标",都是"历史方位"在本"区间"内的问题,而对于作为整体的"历史方位"之"去向"的探讨,往往会超越"当下"、远离"具体",因而难以详细阐述。正如恩格斯所说,"关于未来社会组织方面的详细情况的预定看法"②,其实是一件困难的事情。

接着,在逻辑上需要进一步揭示新时代"历史方位"的基本内涵。

把握"中国特色社会主义进入新时代"这一"历史方位"的基本内涵,亦离不开"从哪里来""现在何处""到哪里去"三个

---

① 马克思、恩格斯:《马克思恩格斯选集》第1卷,人民出版社2009年版,第544—545页。
② 马克思、恩格斯:《马克思恩格斯选集》第4卷,人民出版社2009年版,第561—562页。

维度。

首先，关于"中国特色社会主义进入新时代"之"从哪里来"的问题。我们认为，从最直接也是最重要的"来源"而言，这一新的"历史方位"来自中国特色社会主义40年的伟大实践。因为，这里的唯一主题和主语都是：中国特色社会主义！当然，整个中国特色社会主义伟大成就的取得，亦离不开新民主主义革命的成功与中国社会主义建设的经验。

其次，关于"中国特色社会主义进入新时代"之"现在何处"的问题。我们认为，从时间起止来说，这一"历史方位"是指自党的十八大至21世纪中叶这一历史区间；从空间占位来说，这一"历史方位"则指"我国发展起来以后"，中国特色社会主义实现"强起来"的实践过程，而且是国家富强、民族振兴、人民幸福之全面"强起来"的过程。

最后，关于"中国特色社会主义进入新时代"之"到哪里去"的问题。我们认为，作为整体的"中国特色社会主义进入新时代"这一"历史方位"的"未来去处"，我们目前只能有一个简约而明白的判断，那就是走向"共产主义"或者说是更加高级的社会主义。而作为我们当下"置身其中"的"历史方位"，其"去处"却是清晰"可见"的：近者，即"全面建成小康社会"；中者，即在2035年"基本实现社会主义现代化"[①]；远者，即在21世纪中叶

[①] 习近平：《决胜全面建成小康社会 夺取新时代中国特色社会主义伟大胜利——在中国共产党第十九次全国代表大会上的报告》，人民出版社2017年版，第28页。

"把我国建成富强民主文明和谐美丽的社会主义现代化强国"①。当然，从人民的实践及其生活角度讲，这一"历史方位"的目标"是全国各族人民团结奋斗、不断创造美好生活、逐步实现全体人民共同富裕"；从民族进步的角度讲，则是"实现中华民族伟大复兴的中国梦"；从世界影响的角度讲，则是"日益走近世界舞台中央、不断为人类作出更大贡献"②。另外，我们认为，"中国特色社会主义进入新时代"之"历史方位"的目标"去处"必然包含着其"从何出发"这一"历史方位"的"内在起点"。而这个"内在起点"，我们以为，即是党的十八大以来以习近平同志为核心的党中央治国理政的新实践、新变革、新成就。

（二）新时代"历史方位"的主要依据

首先，概念依据。我们所使用的"历史方位"这一概念，作为对中国特色社会主义进入新时代的指涉，无疑是一种创新性引介。这种引介，作为对新实践的新概括，借由对这一"历史方位"之内涵的界定与阐释，其合法性已无可置疑。但我们以为，从概念上对"新时代"与"新阶段"加以明辨，旨在明确中国特色社会主义进入新时代这一"历史方位"之合法性不可或缺的一环。

---

① 习近平：《决胜全面建成小康社会 夺取新时代中国特色社会主义伟大胜利——在中国共产党第十九次全国代表大会上的报告》，人民出版社2017年版，第29页。

② 同上书，第11页。

关于"新时代"。毫无疑问,"时代"一词是一个具有多种指涉功能的概念,如:从生产力发展水平而言的"石器时代""铁器时代""机器工业时代"等;从生产关系角度而言的"原始公社时代""私有制时代""公有制时代"等;从社会形态而言的"奴隶时代""封建时代""资本主义时代""社会主义时代"等;从社会主题而言的"战争与革命时代""和平与发展时代";从社会发展状况而言的"后工业社会时代""改革开放时代""知识经济时代""自媒体时代"等。总之,"人们常常在多种意义上谈论时代、从多种角度去概括时代"。[①] 而当今中国特色社会主义进入之"新时代",可以从四个层面来理解。一是相对于改革开放40年来的发展程度而言,中国特色社会主义的发展进入了一个新境遇;二是就近代以来中华民族的历史前进目标而言,中华民族迎来了实现伟大复兴的"光明前景";三是在世界社会主义发展历程的视域中,中国特色社会主义使"科学社会主义在21世纪的中国焕发出强大生机活力"[②];四是从现代化的角度而言,中国特色社会主义为世界发展中国家"走向现代化"提供了全新的路径参考。可见,"新时代"作为中国特色社会主义发展的新的"历史方位",其概念之能指与所指皆为"殊相",即有特指。

关于"新阶段"。我们不能否认,"阶段"或者"新阶段"作

[①] 商志晓:《"新时代"的由来、确立与达成——科学把握中国特色社会主义新的历史方位》,《东岳论丛》2018年第6期。

[②] 习近平:《决胜全面建成小康社会 夺取新时代中国特色社会主义伟大胜利——在中国共产党第十九次全国代表大会上的报告》,人民出版社2017年版,第10页。

为一般性能指概念，可以用来指涉不同的对象和范围，其能指功能具有明显的相对性。在这里，我们单说中国特色社会主义，即中国特色社会主义进入"新时代"，在一定意义上，也可以说是中国特色社会主义进入了"新阶段"。但是必须明确，这里的"新阶段"并不是相对于整个中国特色社会主义初级阶段而言的"新阶段"，而是在中国特色社会主义初级阶段这一历史坐标范围内，相对于改革开放以来中国特色社会主义40年的历史实践而言。可见，中国特色社会主义"新阶段"乃是中国特色社会主义初级阶段内的"新阶段"，是"阶段中的阶段"。讲"进入新时代"，会增强我们的自信，不要妄自菲薄；讲"社会主义初级阶段"，会使我们保持清醒，不要狂妄自大。

其次，现实依据。我们以为，中国特色社会主义进入"新时代"的现实依据，可以从三个方面加以分析。

第一个根据，历史性成就。

中国特色社会主义进入新时代的第一个根据，就是经过长期努力，我们党和国家发展取得了重大的历史性成就。

一是新中国成立以后所取得的历史性成就。从1949年10月1日新中国成立到1978年改革开放之前，新中国进行了土地改革运动，取得了抗美援朝战争的胜利，第一颗原子弹爆炸成功，第一颗氢弹空爆试验成功，第一颗人造卫星发射成功，联合国恢复了中国合法席位，内政外交等都取得了一定的历史性成就。

二是中国改革开放之后所取得的历史性成就。改革开放的根本成就，就是开创并坚持和发展了中国特色社会主义。在中国这样的东方大国建设社会主义，是一项全新的伟大事业。无论在人类社会发展史上，还是世界社会主义发展史上，都没有先例，只能在实践中艰辛探索。中国共产党在探索中取得了实践和理论上许多重大成果，也不可避免地走了一些弯路。党的十一届三中全会开始的改革开放，就是在坚持党的领导和社会主义基本制度的前提下，全面纠正"文化大革命"及之前"左"的错误，自觉调整和改革生产关系同生产力、上层建筑同经济基础之间不相适应的方面和环节，解放和发展社会生产力，解放和增强社会活力，推动社会主义制度自我完善和发展，建设中国特色社会主义。改革开放对于中国、中华民族、中国共产党的意义，对于当今世界的重大意义，归根结底就是：开创并坚持和发展了中国特色社会主义。改革开放开辟和拓展了中国特色社会主义道路；改革开放创立和发展了中国特色社会主义理论体系；改革开放健全和完善了中国特色社会主义制度；改革开放发展和繁荣了中国特色社会主义文化。

三是更为主要的，即党的十八大以来中国改革开放和社会主义现代化建设所取得的历史性成就。这可以从两方面来看。一方面，可以用两个"前所未有"来概括。即中国的国际地位得到了前所未有的提升，党的面貌、国家的面貌、人民的面貌、军队的面貌、中华民族的面貌发生了前所未有的变化。另一方面，可以用"极不平凡的五年"来概括。党的十八大以来的五年，是党和国家发展进程中极不平凡的五年。之所以不平凡，就在于这五年，我们解决了许多长期想解决而没有解决的难题，办成了许多过去想办而没有办成的大事。解决"难题"和办成"大事"，就是党的十九大报告第一个部分所讲的"十个方面"。这"十个方面"是：经济建设取得重大成就；全面深化改革取得重大突破；民主法治建设迈出重大步伐；思想文化建设取得重大进展；人民生活不断改善；生态文明建设成效显著；强军兴军开创新局面；港澳台工作取得新进展；全方位外交布局深入展开；全面从严治党成效卓著。这些历史性成就是全方位的、开创性的，为实现强起来奠定了坚实的历史基础，也从实践上真正使中国特色社会主义发展站在了一个新的历史起点上。

第二个根据，历史性变革。

中国特色社会主义进入新时代的第二个根据，就是党和国家事业发生了历史性变革。

历史性成就必然推动历史性变革。党的十八大以来，面对全球经济增长动能不足、全球发展失衡、全球治理滞后的外部环境，面对全球发展赤字、和平赤字、治理赤字、信任赤字的严峻局面，面对中国经济发展进入新常态等一系列深刻变化，面对"四大考验""四种危险"与党内政治生活中存在的"宽松软"等突出问题，以习近平同志为核心的党中央团结带领全党全国各族人民进行具有许多新的历史特点的伟大斗争，统筹推进"五位一体"总体布局、协调推进"四个全面"战略布局，既推动改革开放和社会主义现代化建设取得全方位的、开创性的历史性成就，也推动党和国家事业发生了历史性变革。

这种历史性变革是深层次的、根本性的，从生产力到生产关系、从经济基础到上层建筑、从国内到国际全方位地展开了。

——在生产力方面，主要是由要素驱动、投资规模驱动转向更加注重创新驱动。在党的十八大之前，中国经济发展相对注重要素驱动、投资规模驱动。从历史来看，这种驱动对加快中国发展做出了历史性贡献。然而，在中国发展起来以后使大国成为强国的历史进程中，要素驱动、投资规模驱动的空间越来越小，道路越走越窄，代价越来越大。至此，必须要寻求发展的再生之路。这条路，就是创新驱动。党的十八大以后，以习近平同志为核心的党中央大力实施创新驱动战略，积极主动推进供给侧结构性改革，实施高质量发展，坚定不移贯彻新发展理念，在生产力方面正在发生历史性变革。

——在生产关系方面，主要是由让一部分人先富起来转向更加坚持走共同富裕道路、使全体人民共享发展成果。改革开放初期，由于强调加快经济发展，中国实施重点突破非均衡发展方式，主张让一部分人先富起来。在这一过程中，出现了收入差距拉大的情况。收入差距拉得过大，超过临界点，就会引起社会不稳定。党的十八大以后，以习近平同志为核心的党中央坚持走共同富裕道路，积极推进分配制度改革，扩大中等收入群体，增加低收入者收入，调节过高收入，取缔非法收入，缩小收入分配差距，使全体人民共享发展成果。

——在思想文化方面，主要是由马克思主义在有的领域某些方面要么失语，要么失声，要么失踪，走向更加巩固马克思主义在意识形态领域的指导地位。在党的十八大以前，在实际工作中，在有的领域中，马克思主义被边缘化、空泛化、标签化，在一些学科中"失语"、教材中"失踪"、论坛上"失声"。党的十八大以后，以习近平同志为核心的党中央积极推进思想文化领域改革，努力建设具有强大凝聚力和引领力的社会主义意识形态。这既体现在加强党对意识形态工作的领导，牢牢掌握意识形态工作的领导权，也体现在加快构建中国特色哲学社会科学，加强中国特色新型智库建设，还体现在积极落实意识形态工作责任制，进行意识形态工作专项巡视。

——在政治上层建筑方面，主要是由国家主导体制走向在中国共产党领导下更加注重推进国家治理体系和治理能力现代化。党的十八大之前，邓小平曾强调要让中国特色社会主义制度更加成熟和定型。党的十八大以后，以习近平同志为核心的党中央加大全面深化改革的力度，把全面深化改革的总目标确定为完善和发展中国特色社会主义制度，推进国家治理体系和治理能力现代化。

——在社会发展方式方面，主要是由注重重点突破非均衡发展转向更加注重全面协调发展、平衡充分发展。在"欠发展"的历史方位，为解放和发展社会生产力、解决落后的社会生产问题，在社会发展方式上，中国往往注重突破非均衡发展，结果使经济社会发展不平衡、不充分的问题日益突出。党的十八大以后，以习近平同志为核心的党中央积极推进社会治理创新，把要解决的社会主要矛盾确定为人民日益增长的美好生活需要和不平衡不充分的发展之间的矛盾，强调要致力解决不平衡、不充分的发展的问题，进而达到全面协调发展。

——在国际战略方面，主要是由回应国际挑战性外交走向更加注重积极推动构建人类命运共同体、参与全球治理和建设"一带一路"。过去，在外交政策和国家战略方面，"回应挑战式"外交的特点相对突出。党的十八大以后，以习近平同志为核心的党中央由外交被动走向外交主动，全面推进中国特色大国外交，倡导构建人类命运共同体，促进全球治理体系变革。

此外，党的十八大以后，以习近平同志为核心的党中央在改革上全面发力、多点突破、纵深推进，在重要领域和关键环节改革取得突破性进展。如国防和军队改革取得历史性突破，党的建设制度改革深入推进，等等。

这些历史性变革，在本质上就是各个领域在发展水平和发展方式上的整体转型升级。也就是说，在"我国发展起来以后"，当代中国整个社会在中国共产党领导下，在外延和内涵上，在发展目标和发展方式上，正在实行由"大"到"强"、由"体量"到"质量"、由"粗放"到"精致"、由"虚胖"到"强体"、由"重点"到"全面"、由"制造"到"创造"、由"速度"到"效益"等全方位的转化、升级。这种整体转型升级，推动了中国特色社会主义进入了新时代，促进中国发展进入新的历史方位。

第三个根据，历史性转化。

中国特色社会主义进入新时代的第三个根据，就是中国社会主要矛盾发生了历史性转化。

历史性成就、历史性变革必然产生历史性影响。这种影响最集中、最鲜明、最根本的，就是促进了社会主要矛盾的历史性转化。正如习近平同志在党的十九大报告中指出的："我国社会主要矛盾已经转化为人民日益增长的美好生活需要和不平衡不充分的发展之间的矛盾。"① 这是关于中国社会主要矛盾历史性转化的重大政治判断，也构成中国特色社会主义进入新时代的直接根据。

1956年，社会主义基本制度建立以后，党的八大第一次明确提出并阐释了中国社会的主要矛盾："社会主义制度在我国已经基本上建立起来，国内主要矛盾已经不再是无产阶级和资产阶级的矛盾，而是人民对于经济文化迅速发展的需要同当前经济文化不能满足人民需要的状况之间的矛盾。"遗憾的是，由于种种原因，之后一段时期，中国共产党和国家的工作布局逐渐偏离了社会主要矛盾的判断，最终导致了"文化大革命"这一全局性错误。党的十一届三中全会实现了党和国家事业发展全局的重大历史转折，反映在对社会主要矛盾的认识上，就是再次回到了党的八大对社会主要矛盾的判断上来。1981年，党的十一届六中全会通过的《关于建国以来党的若干历史问题的决议》，正式对社会主要矛盾做出了明确界定："在社会主义改造基本完成以后，我国所要解决的主要矛盾，是人民日益增长的物质文化需要同落后的社会生产之间的矛盾。"② 从那以后一直到党的十九大之前，中国共产党始终坚持这一判断，并且从这一判断出发来制定党和国家的路线、方针、政策。

党的十九大报告的表述，是自1981年明确界定社会主要矛盾以来的第一次重要调整。应当说，这一新表述是准确的，反映了当前

---

① 习近平：《决胜全面建成小康社会 夺取新时代中国特色社会主义伟大胜利——在中国共产党第十九次全国代表大会上的报告》，人民出版社2017年版，第11页。

② 《十一届三中全会以来重要文献选读》（上），人民出版社1987年版，第345页。

中国社会发展的整体状况，表明中国共产党对人民多层次、多样化的需求有着清晰而深刻的理解。可从理论、历史和现实三个维度，来全面理解和把握当今中国社会主要矛盾所发生的历史性转化。

从理论上看，人类的一切活动，归根结底，最终都可还原或归结为"需要"和"供给"这两个根本的原点。需要和供给的矛盾，本质上就是社会的主要矛盾。换言之，社会主要矛盾在本质上就是人的需要和社会供给之间的矛盾。社会主要矛盾从需要状况和供给状况，体现着社会发展的整体状况。要理解和把握一个社会发展的整体状况，就要理解和把握这个社会中人的需要的总体状况和社会供给的总体状况及其二者关系的总体状况。由此看来，社会主要矛盾之所以重要，其根据在于它实质上表达的是人类活动的两个最根本方面，即需求和供给。人类活动千头万绪、千变万化、错综复杂，但归根到底最终可以还原到两个最根本的原点：一是需求，二是供给。而这又是以唯物史观为理论基础的。

从历史来看，历史方位的转变必然带来社会主要矛盾的转化。一般来说，社会基本矛盾决定着社会的性质，而社会主要矛盾决定着历史的方位；社会基本矛盾变了，社会性质也就变了；社会主要矛盾变了，历史方位也就变了。当今，社会主义初级阶段的基本国情没有变。那么，社会主要矛盾是在何种程度上发生了变化呢？当今的社会主要矛盾和原来的社会主要矛盾，分别是社会主义初级阶段之不同历史方位中的矛盾。人民日益增长的物质文化需要同落后的社会生产之间的矛盾，实际上是中国"欠发展"历史方位中的社会主要矛盾，且在本质上都是"生产力不发达"带来的矛盾，而人民日益增长的美好生活需要和不平衡不充分的发展之间的矛盾,则是中国发展新的历史方位中的社会主要矛盾。"不发达"在不同历史阶段有不同表现。在"欠发展"的历史方位,"不发达"表现为"落后的社会生产";在"我国发展起来以后",在中国特色社会主义进入新时代,"不发达"表现为"发展不平衡不充分",二者在"不发达"这一问题上是一致的。因此,新时代的社会主要矛盾不是对过去社会主要矛盾的否定性超越和彻底性颠覆,不是根本性质的变化,而是阶段性的变化,是量的累积,是部分质变,是原来社会主要矛盾基础上的升级版。因此,这种"变",并没有超越社会主义初级阶段的"度",因而也没有改变社会主义初级阶段的基本国情。

从现实来看,当今中国社会主要矛盾的需求方和供给方都发生了部分质变:在人民的需求方面,"物质文化需要"升级为"美好生活需要"。今天,人民需要的外延拓展了,需要的内涵升级了,人民不仅对物质文化生活提出更高要求,而且从人的全面发展和社会全面进步的角度提出更多更高要求——期待社会提供更好的教育、更稳定的工作、更满意的收入、更可靠的社会保障、更高水平的医疗卫生服务、更舒适的居住条件、更优美的环境、更丰富的精神文化生活,期待社会更好地满足人们在民主、法治、公平、正义、安全、环境等方面的美好生活需要,期待社会更好地满足人们的参与感、公平感、安全感、幸福感、获得感、尊严感等"软性需要",期待整个国家的物质文明、政治文明、精神文明、社会文明、生态文明的平衡发展、共同进步,满足人们在各个方面的需要。在社会供给方面，"落后的社会生产"升级为"不平衡不充分的发展"。经过长期努力，中国社会生产力水平总体上显著提高，社会生产能力在很多方面进入世界前列，更加突出的问题是发展不平衡不充分，这已经成为满足人民日益增长的美好生活需要的主要制约因素。具体来说，不平衡发展主要体现在：地区发展不平衡，如东西部、南北方；领域发展不平衡，如经济发展、文化发展、社会发展、生态发展与人的发展之间的不平衡；领域内部发展不平衡，如经济领域内部之供需结构的不平衡，即产能过剩与有效供给不足同时并存，国民收入大幅提高但贫富差距依然过大；各个行业之间发展不平衡；人本身发展不平衡，人的身心之间的发展存在着不协调，等等。不充分发展主要表现在：国家经济总量较大，但人均收入较低；国家经济体量较高，但发展质量和效益相对较低；中低端制造业较为强大，但高端制造业相对较弱；中国制造响彻世界，但中国创造、中国智造还不响亮，等等。总之，不平衡发展可简要概括为"发展失衡、大而不强"。

中国社会主要矛盾的转化并没有改变社会主要矛盾的性质。党的十九大之前我们党所讲的社会主要矛盾与党的十九大所讲的新的社会主要矛盾在本质和性质上，都是关于中国"发展"中的矛盾，它所改变的只是社会主要矛盾的形态。今天，重新认识中国社会主要矛盾，必须把握"没有改变"和两个"没有变"的基本事实。这就是：中国社会主要矛盾的变化，"没有改变我们对我国社会主义所处历史阶段的判断，我国仍处于并将长期处于社会主义初级阶段的基本国情没有变，我国是世界最大发展中国家的国际地位没有变"。① 我们要牢牢把握社会主义初级阶段这个基本国情，对此不能有任何怀疑；要牢牢立足社会主义初级阶段这个最大实际，由此不能超越发展阶段；要牢牢坚持党的基本路线这条生命线、幸福线，而不能轻言放弃；牢牢扭住经济建设这个中心任务，而不能有丝毫动摇。

（三）新时代"历史方位"的根本标志

党的十九大报告指出："中国特色社会主义进入新时代，意味着近代以来久经磨难的中华民族迎来了从站起来、富起来到强起来的伟大飞跃，迎来了实现中华民族伟大复兴的光明前景；意味着科学社会主义在21世纪的中国焕发出强大生机活力，在世界上高高举起了中国特色社会主义伟大旗帜；意味着中国特色社会主义道路、理论、制度、文化不断发展，拓展了发展中国家走向现代化的途径，给世界上那些既希望加快发展又希望保持自身独立性的国家和民族提供了全新选择，为解决人类问题贡献了中国智慧和中国方案。"② 这就是人们所讲的"三个意味着"。这"三个意味着"，既讲的是中国特色社会主义进入新时代的伟大意义，也讲的是中国特色社会主义进入新时代的根本标志。

---

① 习近平：《决胜全面建成小康社会 夺取新时代中国特色社会主义伟大胜利——在中国共产党第十九次全国代表大会上的报告》，人民出版社2017年版，第12页。

② 《中国共产党第十九次全国代表大会文件汇编》，人民出版社2017年版，第8—9页。

第一个根本标志，就是中华民族站在新的历史起点上。

中国特色社会主义进入新时代，意味着久经磨难的中华民族迎来了从站起来、富起来到强起来的伟大飞跃，迎来了实现中华民族伟大复兴的光明前景。

"中华民族站起来了！"多么庄严、豪放、朴实的宣示。然而，不了解跪着的屈辱，就不可能了解站起来的意义，也不能了解这几个字的分量。1840年以来，康乾盛世的余波还未远去，中国人民的命运却迎来了一百八十度的翻转，昨天还挺直脊梁的中国人一下子跌入跪着讨生活的深渊。辛亥革命结束了封建王朝统治的历史，却没有结束中华民族屈辱的历史；大清帝国倒下了，中国人民却没有站起来。其实，旧中国被一个个列强肆意蹂躏，原因只有一个：精神已经跪下了，不仅是国力弱、军力弱，更是精神弱、意志弱、领导者弱。这一面貌直到中国共产党的出场、新中国的成立才有根本扭转。

自1921年中国共产党登上中国的历史舞台，就担负起实现民族独立、人民解放的历史使命。这在本质上，就是使中华民族"站起来"。以毛泽东同志为代表的中国共产党人付出的所有努力，都聚焦于使中华民族"站起来"。"中华民族站起来了"成为当时中国人民发自内心的呐喊！新中国成立之初，毛泽东同志也曾提出"我们的总目标，是为建设一个伟大的社会主义国家而奋斗"。[①] 为此，毛泽东在1956年以后致力于探索在中国建设社会主义的道路。这种探

---

① 毛泽东：《毛泽东文集》第6卷，人民出版社1999年版，第329页。

第四章　强国时代、强国逻辑需要强国理论（上）

索的实质，就是使中华民族真正"站起来"。

新时期中国改革开放以后，党的十三大明确提出了具有总体意义、战略意义和引领意义的中国发展的"三步走"战略目标：第一步，解决人民的温饱问题；第二步，人民生活达到小康水平；第三步，到21世纪中叶，基本实现现代化。党的十五大进一步丰富了这一"三步走"战略。前两步属于"当务之急"，第三步属于长远目标。因此，"三步走"战略的实质，就是首要解决人民的"温饱""小康"问题，使中国人民"富起来。"邓小平同志提出的"发展才是硬道理"[1]，江泽民同志提出的"发展是党执政兴国的第一要务"[2]，胡锦涛同志提出的"第一要义是发展"[3]，总体上主要是解决"落后的社会生产"与"满足人民日益增长的物质文化需要"的问题，其实质也使中国人民"富起来"。当然，新时期中国共产党人的所有努力不仅限于使中国人民"富起来"，但"富起来"却是"核心主线"和"历史使命"。

党的十八大以来，在继承"三步走"战略的基础上，在全面深化改革的进程中，习近平同志进一步明确了新时代中国共产党人的历史使命——在实现"两个一百年"奋斗目标的基础上，实现中华民族伟大复兴。根据党的十九大报告，第二个"百年目标"，就是到21世纪中叶，把中国建成富强、民主、文明、和谐、美丽的社会主义现代化强国。实现中华民族伟大复兴，是近代170多年以来中

---

[1] 邓小平：《邓小平文选》第3卷，人民出版社1993年版，第377页。
[2] 《改革开放三十年重要文献选编》（下），人民出版社2008年版，第1536页。
[3] 胡锦涛：《胡锦涛文选》第2卷，人民出版社2016年版，第623页。

国历史发展的一条主线，是中国共产党90多年革命建设改革历史的永恒主题，是党的十八大以来以习近平同志为核心的党中央治国理政的核心主线。进入新时代，中国特色社会主义的发展逻辑，也是围绕实现社会主义现代化强国和中华民族伟大复兴而展开的。习近平同志治国理政的聚焦点，就是解决中国发展起来以后"使大国成为强国"的根本性问题。实现中华民族伟大复兴，其本质内涵就是实现国家富强、民族振兴、人民幸福。无论是建成"现代化强国"，还是实现"中华民族伟大复兴"，或者"使大国成为强国"，其实质都是使中华民族"强起来"①。

改革开放，是决定当代中国命运的关键一招，也是决定实现"两个一百年"奋斗目标、实现中华民族伟大复兴的关键一招。所以，改革开放使中华民族迎来了从富起来到强起来的伟大飞跃。

第二个根本标志，就是科学社会主义站在焕发新的生机活力的新的历史起点上。

马克思、恩格斯使社会主义由空想变为科学，创立了科学社会主义。列宁把科学社会主义与俄国具体实践相结合，使科学社会主义由理论变成实践。十月革命一声炮响，给中国送来了马克思主义，也使科学社会主义实践由一国走向多国。

然而，在科学社会主义由理论变成实践的世界历史进程中，无论是苏联，还是东欧，或者是中国，都曾出现过"低潮"。首先是1991年苏联的解体。这标志着科学社会主义实践在苏联出现了严重

---

① 韩庆祥：《论改革开放的伟大意义》，《前线》2018年第12期。

夭折。其次是1989年前后的东欧剧变,又称苏东剧变。东欧一些社会主义国家共产党和工人党在短时间内纷纷丧失政权,社会主义制度也随之发生根本性改变,社会主义制度最终演变为资本主义制度,亦即抛弃了科学社会主义和社会主义。最后是中国社会主义实践所出现的曲折。1956年,中国确立了社会主义制度。然而当时中国的社会主义缺乏雄厚的物质基础或经济基础,因而应当集中精力发展社会生产力。但在1966年到1976年,中国发生了"文化大革命",搞以阶级斗争为纲,结果使社会主义建设实践遭遇严重曲折。国际社会也抛出了"西方中心论""历史终结论",对科学社会主义提出质疑,认为社会主义要灭亡了,退出历史舞台了。甚至尼克松在《1999年:不战而胜》一书中提出:资本主义将会胜利,社会主义终将失败。不言而喻,这期间的科学社会主义和世界社会主义处于某种"低潮"。

进入21世纪以后,改革开放使科学社会主义、中国特色社会主义逐渐焕发出强大的生机活力。第一,在经济上,2010年中国成为世界第二大经济体。同时,中国也成为世界第一大工业国、第一大货物贸易国和第一大外汇储备国。第二,在政治上,中国共产党正在由大党向强党迈进。第三,在文化上,中国正在建设文化强国和网络强国。第四,在社会上,中国正在积极构建社会发展的良性秩序,正在积极推进社会治理创新。第五,在军事上,军队的面貌发生了前所未有的变化,中国的军力位于世界前列。第六,在外交和国际地位上,中国积极推动构建新型国际关系,积极推动构建人类命运共同体,积极参与全球治理,在国际舞台上的地位和作用日趋提升。第七，在总体上，中国发展起来以后，正在由大国向强国迈进，到21世纪中叶，要把中国建成社会主义现代化强国，进而实现中华民族伟大复兴。尤其是党的十八大以来，中国特色社会主义进入了新时代。这意味着科学社会主义在21世纪的中国焕发出强大的生机活力，在世界上高高举起了中国特色社会主义伟大旗帜。不言而喻，科学社会主义、中国特色社会主义迎来了从"低潮"到焕发强大生机活力的伟大飞跃。

第三个根本标志，就是中国特色社会主义站在引领时代发展新的历史起点上。

现代化是一种世界潮流，起初中国搞现代化，就是为了赶上时代潮流，追赶世界现代化发展步伐。早在鸦片战争结束以后，中国先进的知识分子就开始探索和寻求中华民族现代化道路。伟大的革命先行者孙中山先生领导的民主革命，其实质就是在寻求一条振兴中华民族的道路，尽快实现中国的现代化。中国共产党自1921年成立之日起，就一直把探索实现中华民族的现代化道路作为自己的不懈追求，并致力于使中国尽快实现工业化和现代化。1949年新中国成立，中国共产党便开始了建设中国现代化的历程。自从1978年中国改革开放以后，建设社会主义现代化国家便成为中国共产党在社会主义初级阶段的宏伟目标，中国共产党也开创了实现社会主义现代化的中国特色社会主义道路，并提出了"三步走"战略，第三步就是实现社会主义现代化。邓小平的许多重要论述，在实质上都是为了使中国赶上时代发展的步伐。

党的十八大以后，中国特色社会主义进入了新时代，中国发展进入新的历史方位。在这一新时代或新的历史方位，以习近平同志为核心的党中央提出了实现"两个一百年"奋斗目标、实现中华民族伟大复兴的中国梦的战略思想。与此同时，又特别强调要坚定中国特色社会主义道路自信、理论自信、制度自信、文化自信。党的十九大又进一步提出全面建成社会主义现代化强国和实现中华民族伟大复兴的战略安排。自党的十八大尤其是党的十九大以来，中国特色社会主义迎来了从追赶时代到引领时代的伟大飞跃。其标志体现在：①在改革开放进程中，中国特色社会主义道路、理论、制度、文化不断发展，拓展了发展中国家走向现代化的途径，即可以以"自己的方式""自己的走法"走向现代化。②在改革开放进程中，中国特色社会主义道路、理论、制度、文化的不断发展，为世界上那些既希望加快发展又希望保持自身独立性的国家和民族提供了全新选择，提供了有益启示。因为中国特色社会主义道路、理论、制度、文化既能解决中国加快发展的问题，又能保持中国自身的独立性。③在改革开放进程中，中国特色社会主义道路、理论、制度、文化的不断发展，为解决人类问题贡献了中国智慧和中国方案。比如它所倡导的积极构建新型国际关系、构建人类命运共同体，可以为解决2008年国际金融危机之后所出现的世界难题，即发展赤字、和平赤字、治理赤字等，提供中国智慧和中国方案。④在改革开放进程中，中国特色社会主义道路、理论、制度、文化的不断发展，不仅使中国日益走近世界舞台中央，不断为人类发展做出更大贡献，而且为合作共赢、合作发展提供了重要平台。比如我们强调要积极参与全球治理，积极引领经济全球化。2018年11月5

日，习近平同志在首届中国国际进口博览会开幕式上指出："中国将始终是全球共同开发的重要推动者，始终将是世界经济增长的稳定力量，始终将是各国拓展商机的活力大市场，始终将是全球治理各国的积极贡献者。"[①] 不仅如此，在改革开放进程中，中国特色社会主义道路、理论、制度、文化不断发展，比如中国所倡导建设的"一带一路"，等等。尤其是习近平同志提出的"构建人类命运共同体"，其核心要义，是强调"世界多样、国家平等、文明互鉴、包容发展、互利普惠"，它在实质上就是引领时代发展趋势的先进理念、战略谋划和行动纲领。

（四）确定新时代"历史方位"的重大意义

中国发展进入新的"历史方位"，其意义十分重大，它是诸多"对象"得以立论的基础。

第一，在中华人民共和国发展史上具有重大意义，它迎来了实现强起来的伟大飞跃。1949年新中国成立，中国人民站起来了。这种"站起来"是新中国成立的重要标志，它意味着推翻了压在中国人民头上的"三座大山"，在政治上获得了民族独立和人民解放。1949—1977年这一历史区间，一定意义上是进一步巩固"站起来"的历史成果。"站起来"为"富起来"提供了历史基础。1978年以后，中国共产党人相对侧重于从经济上解决"富起来"的问题。从

[①] 习近平：《共建创新包容的开放型世界经济：在首届中国国际进口博览会开幕式上的主旨演讲》，人民出版社2018年版，第6页。

"发展才是硬道理",到"发展是党执政兴国的第一要务",再到"第一要义是发展",都分别是对"什么是社会主义、如何建设社会主义""建设一个什么样的党、怎样建设党""实现什么样的发展、怎样实现发展"等时代课题的回答,都着重从经济上解决"欠发展"并"富起来"的历史性问题。"富起来"为"强起来"奠定了较为坚实的历史基础。党的十八大以后,中国特色社会主义进入了新时代,中国发展进入新的历史方位。这意味着经济上"富起来"的问题总体解决之后,中国共产党要更加着力于从全方位上解决如何使中国"强起来"的问题。中国"强起来"之重大意义在于:它将彻底改变近代以来国家分裂并受屈辱的历史;将使中国逐渐地跻身世界强国行列,在世界上真正挺起腰杆,不再受制于人;将使中国人民过上更加美好的生活,将使中国不断为人类做出更大贡献。

第二,在中华民族发展史上具有重大意义,它为世界贡献一种正在形成的中华新文明。在世界文明谱系中,能与西方文明相提并论的,无疑是以中华民族为代表的东方文明,亦称中华文明。我们认为,中华文明是一种典型的农业文明和内陆文明,起源于夏商周三代之前,成型于秦汉,兴盛于隋唐,高峰于宋明,其博大精深的文明成果为人类发展做出了重要贡献。对于西方国家来说,无论是地理大发现、文艺复兴,还是走出中世纪进入近代社会,中华文明都起到了十分重要的作用。然而,由于清朝后期统治者的封闭僵化保守,中华文明在西方工业文明和海洋文明的冲击下,迅疾走向衰落。在近代历史上,中华民族盛极而衰,中华文明也因此背负骂名,曾经成为中华民族沉重的"包袱"。"西方中心论""全盘西化论"因此甚嚣尘上,至今仍有一定市场。

党的十八大以来,习近平同志站在中国发展起来以后使大国成为强国这一新的历史方位和新的历史起点上,在国内提出实现中华民族伟大复兴的中国梦,在国际上提出积极构建人类命运共同体,中华文明正发生着凤凰涅槃式的变化。中国梦的本质内涵,是国家富强、民族振兴、人民幸福。这既是凝聚所有中华儿女力量的最大公约数,又与和平发展、合作共赢的世界梦息息相通;构建人类命运共同体的本质内涵,从学理来讲,就是世界多样、国家平等、文明互鉴、包容发展、互利普惠。它从"道"上分别表达的是世界观、国家观、文明观、发展观、义利观。这种既注重凝聚所有中华儿女的力量,又注重和平发展、合作共赢,既消解"西方中心论""文明冲突论""历史终结论",又能为人类发展做出更大贡献。由此,习近平同志提出的实现中华民族伟大复兴、构建人类命运共同体,蕴含着正在形成的中华新文明。这种中华新文明的核心理念是强调"和平发展、合作共赢、和而不同、协和万邦、普济天下、美美与共、世界大同",它既继承了中华文明注重"和合"的基因,又在新时代或新的历史方位赋予新的时代内涵,在中华民族发展史上具有重大意义,这意味着一种既具有真理性、道义性和人类性,又符合规律性、富有创造性的新的文明体正在形成和完善,进而意味着中华民族的真正复兴。

第三,在世界社会主义发展史上具有重大意义,它使世界社会主义由"低潮"正在走向"高潮"。马克思、恩格斯把社会主义由空想变为科学,创立了科学社会主义。列宁领导的十月革命把科学社会主义由理论变成实践、由"一国"变成"多国",积极探索了俄国由小农经济向社会主义过渡的俄国社会主义发展道路。毛泽东把科学社会主义基本原则同中国革命具体实际相结合,使科学社会主义的革命实践由曲折走向成功,使中国人民"站起来",实现了马克思主义中国化的第一次飞跃。以邓小平等为代表的中国共产党人把科学社会主义基本原理同中国改革具体实践相结合,使科学社会主义在中国的实践由革命走向改革,进一步推进中国走向成功,使中国人民总体上"富起来",实现了马克思主义中国化的第二次飞跃。党的十八大以来,以习近平同志为核心的党中央站在中国发展起来以后使大国成为强国这一新的历史方位和新的历史起点上,把科学社会主义基本原则同实现"两个一百年"奋斗目标和实现中华民族伟大复兴的具体实际相结合,使科学社会主义在中国的实践由"建立社会主义基本制度,并在此基础上进行改革"这一"前半程",走向"完善和发展中国特色社会主义制度、推进国家治理体系和治理能力现代化"[①] 这一"后半程",推进中国特色社会主义进入新时代,肩负起实现"强起来"的历史使命,从而既使科学社会主义在中国焕发出强大生机活力,在世界高高举起了中国特色社会主义旗帜,也为发展中国家走向现代化拓展了新的途径,为那些既希望加快发展又希望保持自身独立性的国家和民族提供了全新选择,为解决人类问题贡献了中国智慧和中国方案,[②] 正在进一步实

[①] 习近平:《习近平谈治国理政》,外文出版社2014年版,第104页。
[②] 《中国共产党第十九次全国代表大会文件汇编》,人民出版社2017年版,第9页。

现马克思主义中国化新的飞跃。这充分表明：在中国发展新的历史方位，必须夺取中国特色社会主义伟大胜利，这样就会使中国特色社会主义具有高于资本主义制度的独特优势，能把世界社会主义曾经遭遇的"低潮"转升为"高潮"，也使曾经落后挨打的发展中国家逐步建成社会主义，并焕发出勃勃生机，因而在世界社会主义发展史上具有重大意义。

第四，在人类社会发展史上具有重大意义，它使原先相对落后的国家跨越了"卡夫丁峡谷"进而正在实现强起来。在中国发展起来以后使大国成为强国新的历史方位，其历史任务和奋斗目标是实现强起来，其历史使命是实现中华民族伟大复兴。这在人类社会发展史上，是一种具有世界意义的最伟大历史性事件：这是世界上人口最多的国家要实现强起来；这是曾经有过辉煌而后出现衰落并遭遇诸多苦难，而后在中国共产党领导下的国家，仅仅通过30多年，就站在了实现强起来新的历史起点上；这是在社会主义阵营中，但仍然处于社会主义初级阶段，并处在"时空压缩"境遇下的国家，要用坚持走中国道路的方式实现强起来；这是在发展中国家的行列中具有超大型体量的国家要率先实现强起来；这是在遭遇西方某些发达国家围堵打压下的情境下要努力实现强起来；这是既希望加快发展又希望保持自身独立性的国家要率先实现强起来；这是既要解决好本国存在的大量问题又要为解决人类问题贡献中国智慧的国家要实现强起来；这是坚定不移地坚持以马克思主义为指导、坚持中国共产党领导、坚持走社会主义道路的国家要实现强起来；更为重要的，这是原先相对落后的国家跨越了"卡夫丁峡谷"进而要实现

第四章　强国时代、强国逻辑需要强国理论（上）

强起来。这些人类社会发展史上的种种"奇迹"充分表明：中国共产党是世界上一个较为强大的政党；马克思主义、科学社会主义具有真理性、道义性和人类性；中国特色社会主义具有道路优势、理论优势、制度优势和文化优势；中国克服了自身种种"不利因素"而在实现强起来，且能为人类发展做出更大贡献。

第五，在中国共产党创新理论发展史上具有重大意义，它为实现马克思主义中国化的新的飞跃，提供了坚实而雄厚的基础。时代是思想之母，实践是理论之源。强国时代、强国逻辑需要并产生"强国理论"。习近平新时代中国特色社会主义思想到底是一种什么样的理论？可以从不同角度做出不同概括。根据党的十九大报告对新时代或中国发展新的历史方位、新时代中国共产党的历史使命、新时代开启全面建设社会主义现代化国家新征程的论述，我们可以把它概括为"关于我国发展起来以后使大国成为强国的强国理论"。美国华裔学者熊玠在其著作《习近平时代》中说：邓小平曾经指出，发展起来以后的问题不比不发展时少。发展起来以后的问题到底是什么？他将其称之为"邓公之问"。①接着他指出：这一"邓公之问"的答卷，如今交到了以习近平同志为核心的新一届中央领导集体手里。

那么，中国发展起来以后的根本性问题究竟是什么？根据党的十九大报告的论述，这一根本性问题，就是中国发展起来以后如何使大国成为强国，即全面建成社会主义现代化强国，实现强起来。我们可以以党的十九大报告所讲的"八个明确"和"十四个坚持"作为权

---

① ［美］熊玠主编：《四个全面：中国的大战略布局》，转引自《习近平时代》，《学习时报》2016年4月25日第3版。

威的逻辑起点、总体框架、根本遵循和立论基础，紧紧围绕"如何使大国成为强国"或实现"强起来"这条主线，按照习近平同志所强调的"大道至简、实干为要"，从中进一步提炼概括出习近平新时代中国特色社会主义思想的核心要义。这些核心要义具有严密的逻辑结构，构成一个有机整体。其整体和结构可划分为五个层面：立论基础、奋斗目标、根本路径、重要保障、领导力量。

其一，立论基础层面，就是"历史方位论"。这是习近平新时代中国特色社会主义思想的第一个要义，是实现强起来的历史方位。其二，奋斗目标层面，分别是"民族复兴论"和"人民中心论"。这是习近平新时代中国特色社会主义思想的第二要义和第三要义，分别是实现强起来的历史使命和价值取向。二者具有同等地位，但角度有所不同：民族复兴侧重于历史维度，它是实现强起来的历史使命，人民中心侧重于价值维度，它是实现强起来的价值取向。二者分别讲的是"使命"和"初心"，可谓"不忘初心、牢记使命"。其三，根本路径层面，这就是"发展理念论"（五大新发展理念）、"两大布局论"（"五位一体"总体布局、"四个全面"战略布局）、"战略安排论"（对2020年至21世纪中叶做出"两步走"的战略安排）。这是习近平新时代中国特色社会主义思想的第四要义、第五要义、第六要义，分别是从"道、术、行"来讲的实现强起来的根本之道、总体方略、行动步骤。其四，重要保障层面，这就是"强军战略论""命运共同体论""深化改革论"。这是习近平新时代中国特色社会主义思想的第七要义、第八要义、第九要义，分别是实现强起来的军事保障、国际环境和强大动力。其五，领导力量层面，这就是"强大政党论"。

这是习近平新时代中国特色社会主义思想的第十要义，是实现强起来的领导力量。以上十大要义都是围绕"强起来"来定义的，它们在本质上构成"强国理论"。当我们强国时，还应增强忧患意识。我们既要强调进入新时代且由大国成为强国，不要妄自菲薄，同时还要清醒认识到我国还处在社会主义初级阶段，因而要增强忧患意识，不要狂妄自大。显然，这种在新时代、新方位、新实践基础上形成的关于中国发展起来以后使大国成为强国即实现强起来的"强国理论"，正在逐步实现马克思主义中国化的新飞跃。这是在中国共产党创新理论发展史上所具有的重大意义。

◇◇ 二 理解"强国逻辑"：总体—具体—实现—保证

"我国发展起来以后"，主要回答的是历史方位中"从何出发"的"定位"问题，并没有回答"从何出发"到"走向何方"的"定标"及其发展逻辑问题。

"中国特色社会主义进入新时代，意味着近代以来久经磨难的中华民族迎来了从站起来、富起来到强起来的伟大飞跃"[1]，这一论断是一篇大文章，需要从学理上深入理解和把握。这一论断的基本

---

[1] 习近平：《决胜全面建成小康社会 夺取新时代中国特色社会主义伟大胜利——在中国共产党第十九次全国代表大会上的报告》，人民出版社2017年版，第10页。

内涵及其实质是：党的十八大亦即中国发展起来以后，中华民族站在了实现"强起来"的新的历史起点上，进入了"由大国成为强国"即实现"强起来"新的历史方位或新时代。就是说，从2012年算起到21世纪中叶，在根本性和总体性上，可以把它概括为"我国发展起来以后使大国成为强国"的历史区间，是实现"强起来"新的历史方位，是实现"强起来"的新时代，可简称为"强国时代"。当然，这里的"强国"是动词而不是名词，是进行时而不是完成时。这就有一个问题出来了：这38年在实践上发展的逻辑是什么？它是怎么一步一步地走向社会主义现代化强国的？这就要研究大国成为强国的"强国逻辑"。

"强国时代"或"大国成为强国"，在实践上会呈现什么样的发展逻辑？或者说，"强国时代"在实践上会呈现出什么样的"强国逻辑"？对这一问题，可主要从四个层面进行分析。

（一）总体层面：由"大"向"强"迈进的逻辑

这一逻辑，需要从学理上充分展开阐释。

先从根本上所要解决的问题来看。

从体量上看，今天的中国已经是个"大国"，但"大国"和"强国"是两个不同概念，我们一些同志很容易把这两个概念混淆。大，是体量问题；强，是质量问题。我们说体量很大，但质量未必很高。从大到强，要从根本上解决很多问题。

一要如何由"虚胖"走向"强体"。习近平同志几次都谈到这个"虚胖"问题。就好比一个人,当他很饿的时候,他就急于解决肚子吃饱的问题,一旦有了好的饭菜,就会吃得很快很多,一下子就吃饱了,久而久之,就会吃成体胖了,吃成虚胖了。虚胖,相比过去吃不饱肚子,也是历史进步。但虚胖以后,高血压、高血脂、高胆固醇也都出来了,走不动路了,身体很虚,这从体质上讲并不强健。所以必须把虚胖的体质转化为强健的体质。这是由大向强要解决的第一个问题。

二要如何由粗放走向精致。党的十八大之前,我们特别注重追赶,追赶西方,追赶现代化,追赶发达国家。追赶就必须讲速度,没有速度哪来的追赶。邓小平提到,"贫穷不是社会主义,发展太慢也不是社会主义"。① 当时,我们很多地方的GDP是你追我赶、相互竞赛,特别讲速度。当我们只注重讲速度时,应当说,生产的产品大多都是粗放的,质量也不是很高,数量倒是很多。你到超市,到我们很多地方看看,产品琳琅满目,但是质量这一关,不太让人满意。所以我们有些同志就跑到日本去买马桶了。今天我们老百姓的需求应当说是提升了,对这种粗放的产品已经不满意了,希望能提供高质量的产品,因此,要把我们的产品做得更精致。我觉得用粗放和精致来分析我们中国今天的问题,也很贴切。中国发展极不平衡,国家太大,又急于追赶,很多都做得比较粗放,还不够精致。如何发扬工匠精神,由粗放走向精致,这也是我们要解决的问题。

三是如何由数量走向质量。论数量,我们不成问题,我们的专

---

① 邓小平:《邓小平文选》第3卷,人民出版社1993年版,第255页。

家学者发表的文章数量都很多，但质量还需要努力提高。习近平同志《在哲学社会科学工作座谈会上的讲话（2016年5月17日）》中提出了一个很重要的观点：要构建"理论中的中国"。现在我们不是要大讲中国理论，而是要实实在在去构建中国理论。这是大国成为强国需要解决的第三个问题。

四是如何由重点走向全面。一只木桶在斜着的时候，影响盛水量的是最长的一块；木桶立起来以后，影响盛水量的是最短的一块；木桶里面装满了水，不漏掉，木桶的底板是关键。这个木桶原理给我们的启发可概括为三句话：发挥比较优势、补齐发展短板、打牢发展支点。当处在"欠发展"历史方位的时候，相当于木桶斜着的时候，由于影响盛水量的是最长的一块，所以必须要注重发挥它的长项，发挥它的比较优势。所以当年邓小平就强调，"让一部分人、一部分地区先富起来，大原则是共同富裕"。① 当木桶立起来以后，由于影响盛水量的是最短的那一块，所以要提升盛水量，就必须强弱项、补短板。党的十八大以后，中国发展起来了，相当于木桶立起来了，在这种情况下，就应该注意强弱项、补短板，注重全面协调。所以党的十八大以后，习近平同志谈治国理政，有一个鲜明特点，就是强弱项、补短板。比如说，经济领域要精准脱贫；政治领域要解决党内生活的"宽松软"，解决精神懈怠、能力不足、脱离群众、消极腐败这"四种危险"；社会领域要补齐民生、治理的短板；文化领域要解决党的十八大以前中国某些意识形态领域阵地失守的问题，解决马克思主义

---

① 邓小平：《邓小平文选》第3卷，人民出版社1993年版，第116页。

在某些领域要么失语、要么失声、要么失踪的问题，解决文化领域中的"低俗、媚俗、庸俗"问题；生态领域要解决污染的问题。诸如此类，都是强弱项、补短板。这也是由大向强，由重点突破走向全面协调。

五是如何由中国制造走向更注重中国创造。论中国制造，从世界范围来说，我们总体上并不落后。若论中国创造，我们的发展还不充分。所谓发展不充分，主要讲的是我们缺乏创新科技和创新能力，效益质量还不是很高。这方面不能说没有，但还不是很多。要讲核心的创新科技、创新能力，还有很大的空间。

接着，从宏大目标来看。

这就是如何从总体上实现五个方面的核心目标，即党的十九大报告中所讲的五个根本方面。

（1）这是"继续夺取中国特色社会主义伟大胜利的时代"。[①] 其主题讲的是中国特色社会主义，目标是夺取伟大胜利，这是夺取伟大胜利的发展逻辑。这一逻辑具有总体性，可从奋斗目标和根本路径两个方面理解：奋斗目标，是建成社会主义现代化强国，实现中华民族伟大复兴，使人民过上美好生活；根本路径，是完善和发展中国特色社会主义制度，推进国家治理体系和治理能力现代化。通过这种根本路径实现了奋斗目标，可以说就是从总体上夺取了中国特色社会主义伟大胜利。其中，"制度成熟"和"治理现代化"是起决定性作用的。

[①] 《中国共产党第十九次全国代表大会文件汇编》，人民出版社2017年版，第9页。

（2）这是"决胜全面建成小康社会、进而全面建设社会主义现代化强国的时代"。① 这里，主题讲的是国家，目标是建成现代化强国。根据党的十九大报告，可采取"新三步走"战略：第一步，就是要打赢"防范风险""精准脱贫""污染防治"三大攻坚战。之所以确定这三大攻坚战，是因为从"正面"来讲，这三个方面是关乎决胜全面建成小康社会的根本；从"负面"来说，这三个方面又是决胜全面建成小康社会的三大致命性短板。要言之，这三个方面从根本上关乎全面建成小康社会的成败。第二步，就是经过从2020年到2035年的努力奋斗，基本实现社会主义现代化，这是建成现代化强国的基础。第三步，就是从2035年至21世纪中叶，再奋斗15年，要全面建成"富强、民主、文明、和谐、美丽的社会主义现代化强国"。其中最为重要的，是需要从"人"和"制度"两个方面入手。从"人"作为主体而言，既需要具有永不懈怠的奋斗姿态的人，也需要具有文明素养的高素质的人。精神对物质具有强大的反作用，强大的精神力量是无穷的，具有永不懈怠的精神状态，是建成现代化强国的关键一环。过去中国成为世界第二大经济体，是人们奋斗出来的，当今我们要全面建成现代化强国，也要靠人们的不懈奋斗。任何伟业都是靠人来完成的，人是其主体和承担者，离开具有文明素养的高素质的人，什么也干不成，也完不成。这样的人，包括政治过硬、本领高强、勇于创新等。从"制度"而言，需要通过积极推进国家治理体系和治理能力现代化以加强法治建设，

---

① 《中国共产党第十九次全国代表大会文件汇编》，人民出版社2017年版，第9页。

把中国真正建设成法治中国，进而使中国社会成为一个人人讲规则、处处有秩序的社会。从制度建设层面来说，推进国家治理能力现代化是建成现代化强国伟业的关键一环，它是解决问题、破解难题、化解矛盾的关键一招。历史上的实践和事实表明，很多问题之所以未得到有效解决，大多与缺乏现代化治理能力有关。而法治，是治理的基本方式。法治的目的，就是维护公平正义，从而使人人讲规则，使社会处处有秩序。公平正义意味着社会具有活力也达至和谐。人人讲规则，意味着对他人权益的尊重，对自己权益的保护。社会处处有秩序，意味着一个社会井然有序、健全运行。而上述这些，会有助于减少国家治理成本，提高国家治理效力，提升民众文明素养。

（3）这是"全国各族人民团结奋斗、不断创造美好生活，逐步实现全体人民共同富裕的时代"。[①] 其主题讲的是人民，目标是实现共同富裕、过上美好生活。大国成为强国，一定是民富并使人民过上美好生活基础上的强国，国富民穷或人民生活不够美好，人民群众的民生问题得不到切实解决，是谈不上强国的，也是难以成为强国的。"美好生活"，是对主客体之间的需求和供给关系的整体主观认知和总体社会评价的一个概念。其中最核心的，是主客体之间的需求和供给关系。所谓美好生活，按照人的需求逻辑，就是人们在"生存需求"（如衣、食、住、行）上无后顾之忧，在"发展需求"（如各尽其能、各得其所）上有用武之地，在"社会需求"上人人受到尊重、

[①] 《中国共产党第十九次全国代表大会文件汇编》，人民出版社2017年版，第9页。

社会井然有序，在"精神需求"上无事纷扰、心灵宁静。

（4）这是"全体中华儿女勠力同心、奋力实现中华民族伟大复兴中国梦的时代"。① 主题讲的是民族，目标是实现伟大复兴。近代以前中国的不少朝代，在诸多方面在当时的世界是较为领先的；近代以降，中国由曾经的辉煌没落为被挨打、被宰割的境地；这种巨大的历史反差，会转化为民族记忆、民族心理和民族性格，那就是一定要实现中华民族伟大复兴！在新时代，还要把实现中华民族伟大复兴，即国家富强、民族振兴、人民幸福，作为中国共产党人的历史使命。所谓历史使命，就是必须刚性完成的历史重任及其责任担当。

（5）这是"我国日益走近世界舞台中央、不断为人类作出更大贡献的时代"。② 主题讲的是中国在世界当中的地位，目标是为人类做出更大的贡献。改革开放之初的中国，多被西方一些发达国家看作"出苦力"的国家。在改革开放和社会主义现代化建设进程中，中国人民聚精会神搞建设、一心一意谋发展，让一切创造源泉涌流，让一切创新能力迸发，从而使中国成为世界第二大经济体。"今天，我们比历史上任何时期都更接近、更有信心和能力实现中华民族伟大复兴的目标"，③ 这意味着中国正在日益走近世界舞台中央。中国日益走近世界舞台的中央，不是为了"成为第一"且"主

---

① 《中国共产党第十九次全国代表大会文件汇编》，人民出版社 2017 年版，第 9 页。
② 同上。
③ 习近平：《决胜全面建成小康社会　夺取新时代中国特色社会主义伟大胜利——在中国共产党第十九次全国代表大会上的报告》，人民出版社 2017 年版，第 15 页。

导世界",不是为了称霸,不是霸凌世界,而是不断为人类做出更大的贡献,这便使大国成为强国更具有道义性、人类性。

以上几个方面,就是由大国成为强国所涉及的一些比较大的问题。这是从总体上来讲的大国成为强国的逻辑。

(二)具体层面:集中解决好人民日益增长的美好生活需要和不平衡不充分的发展之间的社会主要矛盾的逻辑

第二个层面是把总体具体化。

要使上述所讲的目标真正落地,就得找到抓手,抓住牛鼻子。由大国成为强国的逻辑,是从宏观上来讲的。要解决大国成为强国的问题,具体来讲,还应聚焦到集中解决好"人民日益增长的美好生活需要和不平衡不充分的发展"这一社会主要矛盾。

社会主要矛盾在中国共产党治国理政的实践和理论中具有十分重要的地位:它是我们党判断基本国情的主要依据之一;是把握中国社会发展整体状况的主要依据之一;是我们党制定路线方针政策的主要依据之一;是判断中国发展历史方位的基本依据;尤其是党中央治国理政的基本遵循。在社会主要矛盾中蕴含着治国理政所要解决的根本问题(治国理政要具有问题意识和问题导向,它首要是解决根本问题的,而根本问题就是对社会主要矛盾的主观追问),治国理政所要解决的根本问题就成为党中央治国理政的工作重点。习近平同志强调,"要学习掌握事物矛盾运动的基本原理，不断强化问题意识，积极面对和化解前进中遇到的矛盾"。①"我们党领导人民干革命、搞建设、抓改革，从来都是为了解决中国的现实问题。"② 1981年党的十一届六中全会所重新确定的当时中国社会的主要矛盾，是人民日益增长的物质文化需要同落后的社会生产之间的矛盾。在这一"主要矛盾"中，蕴含着当时中国共产党治国理政所要解决的"根本问题"，这就是落后的社会生产，而集中解决落后的社会生产，就成为当时中国共产党治国理政的工作重点。正因如此，当年邓小平就带领中国共产党实现"工作重点"大转移，由过去以阶级斗争为纲转向以经济建设为中心，把大力解放和发展社会生产力以解决落后的社会生产，作为中国特色社会主义建设所要解决的"根本问题"，即完成的首要根本任务，把发展看作硬道理。同理，党的十九大提出的新时代中国的"社会主要矛盾"，是人民日益增长的美好生活需要和不平衡不充分的发展之间的矛盾。在这一主要矛盾中，蕴含着新时代党中央治国理政所要解决的"根本问题"，就是"不平衡不充分的发展"，而集中解决不平衡不充分的发展问题，这就成为新时代党中央治国理政的"工作重点"。

  社会主要矛盾之所以如此重要，其根据在于它在实质上表达或体现的是人类活动的两个最根本的方面，即需求和供给。这是以唯物史观为理论基础的。马克思、恩格斯1846年所著的《德意志意

---

  ① 《习近平在中共中央政治局第二十次集体学习时强调　坚持运用辩证唯物主义世界观方法论　提高解决我国改革发展基本问题本领》，2015年1月24日（http://www.xinhuanet.com/politics/2015-01/24/c_1114116751.htm）。

  ② 参见习近平《习近平关于协调推进"四个全面"战略布局论述摘编》，中央文献出版社2015年版，第87页。

识形态》,是唯物史观诞生的标志。其创立的内在逻辑是:它的地位如此重要是有理论基础的,而这个理论基础,就是唯物史观。我们简要回顾一下唯物史观如何创立的逻辑。马克思和恩格斯说,他所研究的历史,是人的历史,而不是别的什么历史。人类历史是人类活动创造的,没有人类活动的参与,何谈人类历史?所以他讲,他研究人类历史的一个前提,是现实的个人。现实的个人是有生命的个人。所谓有生命的个人,就是说他具有肉体组织的需要,而这种肉体组织的需要,马克思和恩格斯概括为四个字:衣食住行,马克思称之为物质生活资料的需要。如何来获取物质生活资料呢?在讲到这个问题的时候,马克思讲了人和动物的根本区别就是人的生产劳动,生产劳动就是生产物质生活资料的劳动。从这里可以看出,满足肉体组织的需要叫作生活,物质生产叫作供给。所以马克思讲,人首先要生活,然后才能从事生产。生活与满足肉体组织的需要相关,供给就是物质生活资料的生产。所以马克思由对肉体组织需要的关注走向了对物质生活资料供给的关注,由这种供给的关注走向了对物质生产劳动的关注,所以马克思进一步研究了物质生产。他主要是从两个大的方面展开的:一个是生产过程当中人和自然界发生的关系。马克思用一个概念来描述,叫作生产力。第二个是生产过程当中人和人发生的关系,一开始有交往形式,后来有生产关系。所以马克思进一步研究生产力和生产关系的内在矛盾运动过程,发现了人类历史发展的一般规律,从而创立了唯物史观。由以上分析可以看出,马克思创立唯物史观的过程,就是在研究生活和生产的内在矛盾运动当中建立起来的,是在研究需求和供给的内在矛盾关系当中创立起来的。唯物史观与人的需求和供给是紧密相关的，这实际上是人类活动中两个最根本的原点。人类活动错综复杂、千变万化、千头万绪，但归根到底，最终可以还原为两个最根本的原点，一个是需求，一个是供给。马克思也好，后来苏联的经济学者也好，研究经济很多都是从生产、分配、交换、消费等开始的。今天看来，社会主要矛盾表达的就是人类活动的这两个最根本的原点，人民日益增长的物质文化需要是需求，落后的社会生产是供给。人民日益增长的美好生活需要是需求，不平衡不充分的发展是供给。所以社会主要矛盾，从本质上讲就是人类活动的需求侧和供给侧的状况，这与唯物史观就结合起来了。

今天看来，这两个方面的状况都发生了历史性转化。先来看需求方。党的十八大之前，人们需求的总体状况可以概括为物质、文化。这种需要，外延很窄，水平也不高。外延很窄，是说它仅限于物质需要、文化需要；水平不高，是说这两种需要总体上被定义为生存性需要。人要生存，必须要满足肉体组织的需要，而肉体组织的需要就是物质生活资料，这就是物质需要。人作为人，和动物不同，动物也有物质需要，但是人有一个很重要的需要，它叫作精神。人是有文化、从事精神活动的动物，所以还要从文化的角度来概括出一种需要。但那个文化还不是文化强国的文化，也还谈不到文化自信，那种文化就是人要有尊严的生存。党的十八大以后，人们需要的状况发生了历史性转化。党的十九大报告把它概括为人民日益增长的美好生活需要。"物质文化需要"是活下去，"美好生活需要"是活得更好。党的十九大报告把人民日益增长的美好生活需要概括为十二个字：民主法治、公平正义、安全环境，它的外延被拓宽了，层级和水平也提升了。

先来看民主法治。1989年到1990年，我正好在莫斯科大学进修，其间正好亲眼看到了苏联是如何解体的。当时我看到了这样一种景象：莫斯科红场附近有两个较大的商店。这两个商店里面商品不多，货架上的商品很少。莫斯科大街上虽有不少蔬菜店，但蔬菜并不多。也就是说，当时苏联的民生问题是个短板。可以说，当时的苏联，物质生活资料的供给是相对短缺的。在这种情况下，当时苏联的执政者却并没有把重点放在解决民生上，反而大讲民主等。大家都讲民主以后，会看到什么现象呢？当时一些人到红场附近的一条大街，即阿尔巴特大街去演讲、演说。整个演讲的主题，就是用民主的大棒打击民生这个短板。这就把苏联一些人的不满和批判精神给激发出来了。甚至一些人认为，民生这个问题没解决好，是因为苏联共产党有问题、苏联社会制度有问题。于是，就把不满情绪、批判情绪转移到了对苏联共产党的不满和批判，转移到对苏联社会主义制度的不满和批判。这就在一定程度上加速了苏联解体。而我们党在十三大、十五大时就提出了"三步走"战略，即"温饱、小康和基本现代化"。"温饱、小康"属于当务之急，"基本现代化"属于长远目标。所以，当时我们党治国理政主要还是定位在解决民生问题。民主和民生并不矛盾。邓小平也讲，"没有民主，就没有社会主义，就没有社会主义现代化"。[①] 但是，治国理政要有

---

① 邓小平：《邓小平文选》第2卷，人民出版社1993年版，第168页。

历史顺序，要随着经济社会发展而与时俱进，在哪个历史发展阶段就要重点解决什么问题。当时我们党的工作重点，首先就是解决民生。历史发展到了今天，大家碗里有肉了，腰包有钱了，肚子吃饱了，党的十九大报告就要与时俱进地把民主法治给凸显出来了。这就是更高层次的追求。

再看公平正义。公平正义，是在分配资源时的一种制度性安排。分配，意味着有资源可分，而资源是通过生产创造出来的。生产是把"蛋糕"做大，然后才能进行分配。显然，分配从逻辑上是高于生产的一个概念。分配的主要理念是公平正义，所以它的层次就更高。最后是安全环境。一个乞丐也关心安全环境，但他更关心的是有衣穿，有饭吃，有房住。但是发展起来以后的中产阶层，他就更关心安全环境，所以安全环境的需求层次更高，这是需求方发生的历史性转化。

我们再来看看供给方。供给方，是由过去落后的社会生产转化为不平衡不充分的发展。把不平衡不充分的发展确定下来，第一个方面，主要来自有效解决需求，供给方要针对有效需求的满足来定义供给，它是和需求相对应的一个概念。既然人民群众日益增长的美好生活需要里面包括公平正义，那就要求发展平衡。如果发展不平衡，公平正义需要得不到有效满足，就会受到约束。比如，经济发展不平衡会影响教育资源配置不平衡，而教育资源配置不平衡就会影响考生的教育需求得到公平正义的满足。所以，公平正义需求的满足首先要求发展要平衡。而民主法治、安全环境需要的满足，就要求发展要充分。这是根据需求的满足来定义供给。第二个方面，是站在一个新的历史方位来定义供给的。这个历史方位，就是中国发展起来以后大国如何走向强国，实现强起来，从这个站位来定义供给。既然是实现强起来，那就应该是全方位地强起来，不能这个方面强起来，而另一个方面没有强起来，那就不能叫真正的强起来，所以要求发展要平衡。这种强起来，要求发展要充分。如果创新科技、创新能力发展不充分，质量效益不高，也很难说真正地强起来了。正是由于这两个方面发生了历史性转化，促进了中国特色社会主义进入了新时代。由此看来，社会主要矛盾既关乎中国发展全局，也关乎中国发展的根本，同时还关乎中国发展的长远。这意味着它从根本性、具体性上揭示了中国由大国成为强国的具体逻辑。作为"人民日益增长的美好生活需要"的需求方，其实质就是使人民生活"过得好"进而具有幸福感，而解决好"不平衡不充分的发展"的这一供给方，其实质就是使国家"强起来"。

"生活过得好"和"国家强起来"，是关乎中国发展全局、根本和长远的大事，是大国成为强国的根本。具体来说：第一，大国成为强国，体现在"人"的方面，就是使人民过上美好生活。这种美好生活的基本内涵，如前所述，就是在生存方面"无后顾之忧"，如民生能得到保障，安全环境的需要能得到合理满足；在发展方面"有用武之地"，如能各尽其能、各得其所，展现其价值；在社会方面"能得到尊重并和谐相处"，如公平正义、民主法治的需要能得到合理满足；在精神方面"无事纷扰、心灵宁静"。第二，大国成为强国，体现在"社会"方面，就是国家要"强起来"。这种"强起来"具体体现在：发展既要充分，具有发展动力，尤其是具有创新活力和创新能力；发展又要平衡，使发展达到和谐、平衡、稳定；发展还要拥有良好的治理能力，使国家治理体系和治理能力达到现代化。

（三）实现层面：贯彻落实好新发展理念的逻辑

集中解决好社会主要矛盾这个逻辑，在实现层面上，可再进一步聚焦和深化贯彻落实好五大"新发展理念"的逻辑。其实，新时代的"社会主要矛盾"与五大"新发展理念"具有十分紧密的内在逻辑相关性。新发展理念，是在中国发展起来以后"使大国成为强国"这一新的历史方位中，在总结、整合我们党关于发展的思想的基础上，才完整地提出来的，是一种新的飞跃，在"欠发展"的历史方位是不可能完整提出来的。贯彻五大"新发展理念"，既是解决社会主要矛盾的根本之道，也是使大国成为强国的根本之道，这是由五大"新发展理念"的内涵实质决定的。对此，我们可以加以分析。第一个发展理念是创新发展，其逻辑是由过去的要素驱动、投资规模驱动转向更加注重创新驱动，这是中国发展动力上的大逻辑。在中国"欠发展"的历史方位，由于中国主要是追赶西方发达国家，所以较为注重发展速度；注重发展速度，往往会注重看得见、摸得着、见效快的生产要素，今天看来，主要是注重"自然资源""廉价的劳动力成本""资本投资"，此可谓"要素驱动"和"投资规模驱动"。历史来看，这两种驱动功不可没，为中国成为世界第二大经济体做出了历史性贡献。然而，从中国历史发展趋势来看，尤其是从"我国发展起来以后使大国成为强国"这一新的历史方位来看,这两种驱动的道路越走越窄,发展空间越来越小,代价越来越大。因为,开采自然资源越来越受到自然本身以及制度和政策的约束,劳动力成本越来越高,资本投资的积极性也在逐渐下降。那么,发展的再生之路是什么?那就是更加注重创新驱动。创新驱动致力于解决发展不充分的问题,它是中国发展起来以后使大国成为强国的根本动力。建设现代化强国即实现强起来,首先要注重创新驱动。

第二个理念是协调发展,其逻辑是由过去的重点突破非均衡走向更加注重全面协调发展,这是中国发展方式上的大逻辑。一般来讲,在"欠发展"的历史方位,其发展方式主要是注重重点突破非均衡,因为中国发展可资运用的资源、力量、手段、条件相对有限,发展也不平衡,地域较为广阔,又要追求发展速度;而"在我国发展起来以后使大国成为强国"即实现强起来的新的历史方位,就必须注重补齐发展短板,注重全面协调发展。比如在中国改革开放之初,由于中国"欠发展",所以邓小平当年相对强调让一部分地区先发展起来、一部分人先富起来,即相对注重发挥比较优势。然而,在党的十八大以后,中国发展起来了,还要使大国成为强国,所以党中央治国理政就十分注重强弱项、补短板,注重全面协调发展。如前所述,在经济领域强调精准脱贫;在政治领域注重解决党内政治生活的"宽松软";在文化和意识形态领域,注重解决一些意识形态阵地的失守和在一些领域马克思主义要么失语、要么失声、要么失踪的问题;在社会领域注重解决保障民生和社会治理问题;在生态领域注重解决污染防治问题。其实质,就是注重全面协调发展。这里的协调，其实质主要就是解决发展不平衡问题。

第三个理念是绿色发展，其逻辑是由以环境污染为代价的发展走向以绿色支撑的发展，这是中国发展基础上的大逻辑。在"欠发展"的历史方位，一些地方为了"追赶"和"速度"，往往不择手段地破坏、污染自然环境。在"我国发展起来以后使大国成为强国"的新的历史方位，就必须既注重高质量发展，也要保护好生态环境，二者的统一，就是要注重绿色发展。这种发展，本身就是平衡发展的一个内容，同时也可使人民在美丽的环境当中工作和生活，因而有利于满足人民对美好生活的需要，它关乎着美好生活。

第四个理念是开放发展，其逻辑是由低端开放走向高端开放，这是中国在发展空间上的大逻辑。它是从统筹国内外两个大局意义上来着力于解决中国发展不平衡不充分的问题。在"欠发展"的历史方位，中国也注重开放，但较为低端，主要是"引进来"和"用市场换技术"。这样做虽有成就，但中国的市场被占据了不少，却没换来多少高科技或核心技术。在"我国发展起来以后使大国成为强国"新的历史方位，中国依然注重开放，且这种开放应当是高端的，主要是实施高质量的"走出去"，如参与全球治理，建设"一带一路"，构建人类命运共同体，注重世界各国在合作当中实现共赢。

第五个理念是共享发展，其逻辑是由先富走向共富，即全体人民共享发展成果，这是中国发展目标上的大逻辑。这一逻辑，既着力于解决发展不平衡不充分的问题，如人们之间的收入差距过大问题，也着力于解决人民对美好生活需要的问题，因为它致力于促进公平正义、增进人民福祉、使人民拥有更多的获得感。由此可见，五大"新发展理念"，既关乎中国发展全局，也关乎中国发展根本，还关乎中国发展长远。要言之，五大"新发展理念"，是解决好人民日益增长的美好生活需要和不平衡不充分的发展之间的社会主要矛盾的根本之道和重要抓手，也是使中国由大国成为强国的根本之道、核心支点。正因如此，中国共产党强调，坚持、贯彻与落实五大"新发展理念"，"是关系我国发展全局的一场深刻变革"。①

（四）领导层面：大党成为强党的逻辑

"党政军民学，东西南北中，党是领导一切的"②，办好中国的事情关键在党。大国要成为强国，就必须使大党成为强党，强国必须强党，强国逻辑必须以强党逻辑作保障。习近平同志所讲的"党领导一切"和"全面从严治党"，都是着眼于"强党建设"的。强党建设，是习近平同志关于党的建设重要论述的一个根本特征。

大党成为强党，第一要提高党员质量。中国共产党的党员数量是世界所有政党中的党员人数最多的，体量最大。体量不等于质量。体量大仅意味着是大党，质量高才意味着是强党。当今，物质财富丰富了，但一些党员的心灵跟不上；目标、使命宏伟艰巨了，但一些党员的本领、作为跟不上；矛盾、困难、风险、挑战严峻

---

① 习近平：《习近平谈治国理政》第 2 卷，外文出版社 2017 年版，第 200 页。
② 《中国共产党第十九次全国代表大会文件汇编》，人民出版社 2017 年版，第 16 页。

了，但一些党员的精神状态（包括担当）跟不上；不确定因素增多了，但一些党员的战略思维和战略定力跟不上。因而，要提高中国共产党党员的质量，首要的核心，是从先进性和能力方面切入，用政治话语来表达，就是"政治过硬、本领高强"。第二，在实践锻炼和理论教育的互动中锤炼党员干部。既要在丰富的实践中促进党员干部成长，也要通过理论武装提高党员干部的理论素养，掌握看家本领。先进性和能力都是在实践锻炼和理论武装互动中得以提升的。第三，既要通过激励机制，激发党员干部工作的积极性、主动性、创造性，也要通过约束机制，使党员干部端心灵、守规矩、正品行。第四，要使党员干部经常过好组织生活。通过过好组织生活，使党员干部不断进行学习、批评与自我批评、民主监督，从而不断检查和反思自己的言行，完善自己的行为。第五，使党员干部具有世界眼光和战略思维。即培养党员干部的战略思维能力，跳出中国从世界看中国，跳出眼前从长远看眼前，把中国发展置于世界大格局中进行战略谋划。第六，要使党员干部具有使命担当精神。中国共产党是具有使命担当的政党，它旨在为民族担当、为人民担当、为党担当，它既致力于实现中华民族伟大复兴的中国梦，又把人民对美好生活的向往作为奋斗目标，还强调打铁必须自身硬。第七，最为关键的还是要依靠法律和制度以规范党员干部的行为，提高其素质。制度具有刚性且管长期，对每个人的行为都是约束、规范和矫正。在其中长期形成习惯，党员干部的素质就会不断得以提升，从而能使中国共产党更加坚强有力。

第 五 章

强国时代、强国逻辑
需要强国理论（下）

强国时代、强国逻辑需要强国理论。接下来，我们来分析研究"强国理论"的核心要义和历史地位。

◇◇ 一　构建"强国理论"：核心要义和历史地位

时代是思想之母，实践是理论之源。强国时代必然产生一种强国理论。如果人们提问：习近平新时代中国特色社会主义思想，到底是一个什么样的理论？根据党的十九大报告和上述分析，我们基本上可以回答，它是一个关于中国发展起来以后使大国成为强国的强国理论。习近平同志呕心沥血，其治国理政的所有活动，都是为了办成这一件"大事"，即解决"我国发展起来以后""大而不强"的问题，把中国由大国变成强国，真正实现强起来。这个强国，就是为解决人类问题贡献中国智慧、中国方案，为人类做出更大贡献。能办成这件"大事"，那可是"历史上最大的伟业"，是"伟大飞跃"。所以党的十九大报告的第一个部分，就是在回答这个问题。三个"意味着"中的第一个"意味着"是，"久经磨难的中华民族迎来了从站起来富起来到强起来的伟大飞跃"①，而且党的十九大报告从五个"是"来回答这个强国理论。我们可以以八个"明确"和十四个"坚持"为权威的逻辑起点、总体框架、立论基础，从中进一步提炼概括出习近平新时代中国特色社会主义思想的十大要义。这十大要义都是围绕实现强起来，围绕中国发展起来以后使大国成为强国而展开的（历史方位、民族复兴、人民中心，要贯彻习近平新时代中国特色社会主义思想的方方面面，这才彻底），而且每一个要义都应安排在一个合理的位置。然后，我们还可以进一步来揭示这十大要义之间的内在逻辑关系，让它构成一个有机的整体，把一个严密的科学理论体系"呈现"出来。关于这一点，我们在本书其他章节已作了阐释，这里再强调一下。第一个要义，历史方位论：中国特色社会主义进入了新时代。这是进入了一个实现强起来的新时代，这好比是盖一座高楼大厦的"地基"。第二个要义，民族复兴论：实现强起来的历史使命。这是夯实在这个"地基"中的"第一大基石"，侧重于历史维度。第三个要义，人民中心论：这是实现强起来的价值取向。它是夯实在这个"地基"中的"第二大基石"。既然都是基石，地位是同等的。所以党的十九大报告讲，不忘初心、牢记使命。一个讲初心，一个讲使命，地位是同等的。使命，是民族复兴；初心，以人民为中心，为中国人民

---

① 习近平：《决胜全面建成小康社会　夺取新时代中国特色社会主义伟大胜利——在中国共产党第十九次全国代表大会上的报告》，人民出版社2017年版，第10页。

谋幸福。这是两大基石,角度会有所不同:民族复兴侧重于历史维度,它是历史使命;人民中心侧重于价值维度,它是价值取向。第四个要义,发展理念论:实现强起来的根本之道。打地基,夯基石,下面再搭起四梁八柱。中华传统文化里有三个核心概念,一是"道",二是"术",三是"行"。道,逻辑在先,由此,立在两大基石之上的"第一根柱子",是发展理念论。即五大"新发展理念"——创新、协调、绿色、开放、共享。既然是理念,它就是"道"的范畴。第五个要义,两大布局论:实现强起来的总体方略。"两大布局",即统筹推进"五位一体"总体布局、协调推进"四个全面"战略布局。既然是布局,它就是"术"的范畴,这是立在两大基础之上的"第二根柱子"。第六个要义,战略安排论:实现强起来的"两步走"战略。发展理念,可将其概括为实现强起来的根本之道,两大布局论,把它概括为实现强起来的总体方略,那么战略安排论,是实现强起来的战略部署,它讲的是实践新征程。第七个要义,强军战略论:实现强起来的军事保障。强国必须强军、富国必须强兵。既要全面从严治军,也要注重军民融合。第八个要义,命运共同体论:构建人类命运共同体,是实现强起来的国际环境。习近平同志提出的构建人类命运共同体,是针对2008年国际金融危机以后暴露出的世界三大难题而提出的,即全球经济增长动能不足,全球发展失衡,全球治理滞后。其核心要义是"世界多样""国家平等""文明互鉴""包容发展""互利普惠",它分别讲的是世界观、国家观、文明观、发展观、义利观。第九个要义,深化改革论:实现强起来的强大动力。发展出题目,改革做文章,问题倒逼改革。改革是决定中国命运的关键一招。改革，既不走改旗易帜的邪路，也不走封闭僵化的老路，要坚定不移走中国特色社会主义道路。全面深化改革的总目标，是发展和完善中国特色社会主义制度，推进国家治理体系和治理能力现代化。改革既要促进公平正义，也要增进福祉。今天，有一个改革开放再出发的问题，这一问题，涉及改革的动力、改革的目标、改革的方法、改革方略、改革经验等问题。第十个要义，强大政党论：实现强起来的领导力量、政治保证。强国首先必须强党，强国也必然会强党。打铁必须自身硬。要把中国共产党建设成世界上最强大的政党，把中国共产党建设得更加坚强有力，使大党真正有大党的样子。由此，既要坚持党领导一切，又要坚持全面从严治党。

这十大要义，历史方位论是立论基础层面的；民族复兴论、人民中心论是奋斗目标层面的；发展理念论、两大布局论、战略安排论是根本路径层面的；强军战略论、命运共同体论、深化改革论是重要保障层面的；最后一个强大政党论，是领导力量层面的。这十个要义环环相扣，共同回答关于中国发展起来以后如何使大国成为强国的问题。

二 习近平新时代中国特色社会主义思想的本质特征

新时代、新使命、新目标、新实践，需要新的理论指导。习近平新时代中国特色社会主义思想是一个主题鲜明、内容丰富、思想深邃、博大精深的完整的科学理论体系，蕴含着丰富的治国理政经验和智慧，包含着解决中国问题的根本方法，具有显著的理论品格和鲜明的思想特征。从习近平新时代中国特色社会主义思想，可以进一步提炼概括出以下十大本质特征，这也可以看作治国理政的"中国样本"。

一是政治首要：党的领导—市场配置—人民主体。就是说具有政治站位，注重从政治高度思考问题。治国理政，习近平同志始终把坚持党的领导作为首要，强调把政治建设摆在首位。他是马克思主义政治家，首先用政治眼光看待一切问题。无论是从全面从严治党入手治国理政，还是强调党领导一切，或是对党员干部提出增强"四个意识"等要求，皆是如此。治国理政，习近平同志也注重市场配置力量和人民主体力量。1992年，中国确立社会主义市场经济的经济体制改革方向。市场经济的出现促进了市场力量的生长，市场力量的生长对社会产生的重大影响之一就是使人民群众的主体力量不断增强。因为市场力量的生长，会不断增强人民的主体、自主、平等、民主和参与意识。随着市场配置力量、人民主体力量不断增强，便内在地要求政府转变传统职能，即向在中国共产党领导下具有主导作用的公共服务型政府转变。中国特色社会主义实践取得巨大成就，与这三种力量的整体协调、正确发挥、形成合力有关。党的领导力量，使中国能集中资源和力量办成许多具有国内外积极影响力的"大事"，极大地解放和发展了社会生产力，积累了丰富的社会物质财富。市场配置力量，把民营企业及劳动者的积极性调动起来了，解放和发展了生产力。人民主体力量对中国特色社会主义建设事业做出了巨大贡献，这不仅体现在人民群众以其辛勤劳动为当代中国经济社会发展做出了贡献，也体现在他们是城市、农村及各行各业的具体建设者。习近平同志强调："改革开放在认识和实践上的每一次突破和发展，改革开放中每一个新生事物的产生和发展，改革开放每一个方面经验的创造和积累，无不来自亿万人民的实践和智慧。""坚持人民主体地位，充分调动人民积极性，始终是我们党立于不败之地的强大根基。"正因为如此，党的十八大以来习近平同志强调，中国共产党领导是中国特色社会主义的最本质特征，是中国特色社会主义制度的最大优势；要正确处理政府与市场的关系、政府与社会的关系；要坚持以人民为中心的发展思想；要推进国家治理体系和治理能力现代化。推进国家治理现代化的实质，就是要正确处理政党、国家、市场、人民之间的关系，从而使中国特色社会主义更加成熟更加定型。党的领导、市场配置和人民主体的协调并形成合力，是中国成为强国并屹立于世界民族之林的三大根本支柱，是中国参与国际竞争并拥有国际话语权的三大根本支柱，是建构中国话语体系的基础，也是习近平新时代中国特色社会主义思想的本质特征之一。

二是哲学思维：哲学思维—顶层设计—凝聚力量。就是说善于哲学分析，注重从哲学上思考问题。习近平新时代中国特色社会主义思想把马克思主义哲学作为治国理政的看家本领。十八届中央政治局就辩证唯物主义基本原理和方法论、历史唯物主义基本原理和方法论进行了集体学习。习近平同志强调，辩证唯物主义是中国共产党人的世界观和方法论，我们党要团结带领人民协调推进全面建成小康社会、全面深化改革、全面依法治国、全面从严治党，实现中华民族伟大复兴的中国梦，必须不断接受马克思主义哲学智慧的滋养，增强辩证思维、战略思维能力，努力提高解决中国改革发展基本问题的本领。他鲜明指出，领导干部要把学习马克思主义哲学作为看家本领。党的十八大以来，习近平同志在治国理政实践中，特别强调领导干部要运用马克思主义世界观和方法论，尤其是历史思维、辩证思维、系统思维、战略思维、创新思维和底线思维，来分析解决治国理政中的一系列根本问题，深得马克思主义哲学智慧的滋养。治国理政中面临的历史性课题，是在中国发展起来以后的整体转型升级过程中，如何实现社会主义现代化和中华民族伟大复兴。解答这一历史性课题，需要确立一种全新的哲学思维方法。这种哲学思维方法，在习近平同志那里可概括为"战略辩证法"。战略辩证法，指的是在战略谋划和实践中运用辩证法，或把辩证法运用于战略谋划和实践中，在战略中有辩证法，在辩证法中有战略。它要求对事物作全新思考，对结构作全新调整，对活动作全新谋划，进而寻找新思路，打开新局面，开创新境界，提升新水平。在中国整体转型升级中实现现代化和民族复兴，首先是一个战略性课题。战略性课题就需要运用战略思维来分析。在中国整体转型升级中实现现代化和民族复兴，有许多矛盾需要有效化解，有许多关系需要正确处理，有许多难题需要积极破解，这就需要确立辩证思维。综合起来就是战略辩证法。在治国理政上，习近平同志特别注重从战略上进行思考和谋划，如提出实现"两个一百年"奋斗目标、实现中华民族伟大复兴，协调推进"四个全面"战略布局，树立新发展理念，以及参与全球治理、构建人类运共同体等。读懂了这里面的哲学思想，才能真正读懂习近平新时代中国特色社会主义思想。习近平新时代中国特色社会主义思想注重对治国理政进行顶层设计。我们从事的中国特色社会主义伟大事业，前无古人后无来者，既没有现成经验可以照搬，也没有现成模式可以借鉴，一切都要从头做起。这就需要注重运用哲学思维方法对"四个伟大"进行顶层设计。顶层设计，就是精准研判实际，做出科学决策，确定正确理念，选定奋斗目标，制定行动方案，部署战略布局。习近平同志顺应历史发展、时代发展和实践发展的新趋势新要求，运用哲学思维，注重对"四个伟大"进行顶层设计。习近平新时代中国特色社会主义思想注重凝聚力量来实现奋斗目标。在社会阶层、利益主体、思想观念日趋多样化的背景下，更是如此。因此，习近平同志十分注重用中国特色社会主义共同理想、社会主义核心价值观、实现中华民族伟大复兴的中国梦、新发展理念蕴含的共创共享、构建人类命运共同体等"最大公约数"来凝聚力量，为实现诸多的顶层设计提供支撑。习近平同志指出，实现中国梦必须凝聚中国力量，这就是中国各族人民大团结的力量。中国梦是民族的梦，也是每个中国人的梦。只要我们紧密团结，万众一心，为实现共同梦想而奋斗，实现梦想的力量就无比强大，我们每个人为实现自己梦想的努力就拥有广阔的空间。全国各族人民一定要牢记使命，心往一处想，劲往一处使，用13亿人的智慧和力量汇聚起不可战胜的磅礴力量。

三是问题导向：主要矛盾—根本问题—工作重点。就是说要有问题意识，注重解决影响中国发展命运的根本性问题。即注重抓住社会主要矛盾，从中揭示我们所要解决的根本问题，进而确立我们工作的重点。这是实现顺利落实、打开工作新局面的方法，也是运用矛盾分析方法解决问题的方法。它既注重把握事物的主要矛盾（人民日益增长的美好生活需要和不平衡不充分的发展之间的矛盾），从主要矛盾中确定所分析解决的根本问题（解决不平衡不充分的发展和实现美好生活的问题），并把解决根本问题作为工作重点。树立问题意识，是习近平同志治国理政的重要的工作方法之一。习近平同志强调："要有强烈的问题意识，以重大问题为导向，抓住关键问题进一步研究思考，着力推动解决我国发展面临的一系列突出矛盾和问题。我们中国共产党人干革命、搞建设、抓改革，从来都是为了解决中国的现实问题。可以说，改革是由问题倒逼而产生，又在不断解决问题中得以深化。40多年来，我们用改革的办法解决了党和国家事业发展中的一系列问题。同时，在认识世界和改造世界过程中，旧的问题解决了，新的问题又会产生，制度总是需要不断完善，因而改革既不可能一蹴而就、也不可能一劳永逸。"习近平同志指出："问题意识，是指敢于主动发现问题、直面问题、分析问题和解决问题，拥有解决问题的勇气和智慧。"习近平新时代中国特色社会主义思想，就是针对中国的改革发展来提出问题、分析问题和解决问题的，"问题"中呈现思想，思想中蕴含着"问题"。要理解习近平新时代中国特色社会主义思想的本质特征，就要了解他所关注和解决的问题，如此才有可能真正把握习近平新时代中国特色社会主义思想。习近平同志指出，我们提出要协调推进全面建成小康社会、全面深化改革、全面依法治国、全面从严治党，这"四个全面"是当前党和国家事业发展中必须解决好的主要矛盾和根本问题，也是治国理政的重点。

四是历史思维：历史方位—奋斗目标—施政方略。就是说注重历史考察，善于从历史逻辑来思考问题。中国特色社会主义进入了新时代，这是中国发展新的历史方位。确定中国发展新的历史方位，就是定位；在一定的历史方位中确立奋斗目标，就是定标；选定实施目标的方略，就是定法。习近平新时代中国特色社会主义思想始终贯穿"定位—定标—定法"的治国理政思路。在新的历史方位续写中国特色社会主义新篇章，是把握习近平新时代中国特色社会主义思想的逻辑起点和理论依据，是最基础、最根本的。中国特色社会主义是改革开放以来中国共产党的全部理论和实践的主题。习近平新时代中国特色社会主义思想，是在回答新时代坚持和发展什么样的中国特色社会主义、怎样坚持和发展中国特色社会主义这一重大时代课题中形成的。要续写中国特色社会主义新篇章，首先要把握其所处的历史方位，即中国特色社会主义从何处来、现在何处、走向何方。这一历史方位，就是党的十八大以来，以习近平同志为核心的党中央始终高举中国特色社会主义伟大旗帜，把中国特色社会主义推进了新时代。这一重大政治论断非常重要，关乎如何理解习近平新时代中国特色社会主义思想的发展逻辑。习近平同志治国理政，要在新的历史方位，围绕根本主题，确定奋斗目标。一般来说，历史方位不一样，提出的奋斗目标、时代课题往往不一样。在中国特色社会主义进入新时代这一新的历史方位，坚持和发展中国特色社会主义的目标,就是实现中华民族伟大复兴。习近平同志指出,今天我们比历史上任何时候更接近于实现中华民族伟大复兴的目标,我们完全有信心、有能力实现这个目标。所以,党的十八大以后,在中国特色社会主义进入了新时代这一新的历史方位和历史起点上,习近平同志格外注重并多次强调实现中华民族伟大复兴的中国梦。尤其在关键时候、关键场合,他都着重强调中国梦的思想。这反映出习近平同志在奋斗目标和历史使命问题上的紧迫感、责任感与使命意识、担当意识。要实现中华民族伟大复兴这一宏伟目标和历史使命,习近平同志既强调要走中国道路、弘扬中国精神、凝聚中国力量,又强调必须进行伟大斗争、建设伟大工程、推进伟大事业。中国道路担当"实现路径"角色。习近平同志既强调"实现中国梦必须走中国道路",又强调中国精神担当"精神支撑"角色。习近平同志指出:"实现中国梦必须弘扬中国精神。"中国力量担当"根本依靠"角色。在社会阶层、利益主体和思想观念日趋多样化的背景下,在建立新型大国关系的国际视野中,实现中国梦,需要凝聚一切力量。实现伟大梦想,必须依靠伟大斗争来应对重大挑战、抵御重大风险、克服重大阻力、化解重大矛盾;实现伟大梦想,必须建设伟大工程,没有中国共产党的领导,民族复兴必然是空想;实现伟大梦想,必须推进伟大事业,它是实现伟大梦想的必由之路。因此,定位—定标—定法,是习近平新时代中国特色社会主义思想基于历史思维体现出的本质特征。

五是战略思维:把控方向—战略定力—充满自信。就是说具有战略思维,注重从战略上谋划工作。习近平新时代中国特色社会主义思想注重把控方向，避免在根本政治问题上出现颠覆性、战略性错误。在习近平同志那里，就是坚定不移地坚持和发展中国特色社会主义，坚持中国共产党领导地位和马克思主义指导地位，坚持人民主体地位，坚持"中国道路、中国理论、中国制度"，坚持根本政治制度与基本政治制度、基本经济制度，坚定道路自信、理论自信、制度自信和文化自信等。习近平新时代中国特色社会主义思想强调战略定力。正确的政治方向确定之后，要坚定不移牢牢坚守，这叫作"战略定力"。习近平同志在治国理政实践中，具有卓越的战略思维和战略定力，总是从根本、全局、长远来思考问题。他强调，在复杂环境中，要保持理论上的清醒，增强政治上的定力；在道路、方向、立场等重大原则问题上，旗帜要鲜明，态度要明确，不能有丝毫含糊；在推动经济社会持续健康发展时要着眼大局，谋准大势，把握好度；在制定政策时，要冷静观察、谨慎从事、谋定后动；在复杂多变的国际局势中要平心静气、静观其变。习近平新时代中国特色社会主义思想对确定的正确方向充满自信，对实现"两个一百年"奋斗目标、实现中华民族伟大复兴的中国梦充满自信。习近平同志指出："经过鸦片战争以来170多年的持续奋斗，中华民族伟大复兴展现出光明的前景。现在，我们比历史上任何时期都更接近中华民族伟大复兴的目标，比历史上任何时期都更有信心、有能力实现这个目标。"他对中国特色社会主义道路、理论、制度、文化也充满自信。他说，"坚持独立自主，就要坚定不移走中国特色社会主义道路，既不走封闭僵化的老路，也不走改旗易帜的邪路……我们要根据形势任务发展变化，通过全面深化改革，不断拓展中国特色社会主义道路，不断丰富中国特色社会主义理论体系，不断完善中国特色社会主义制度"。正因为如此，他注重使用"中国"二字，如中国梦、中国道路、中国理论、中国制度、中国精神、中国价值、中国力量、中国声音和中国话语等概念。作为党的总书记，习近平同志充满自信且敢于担当。而只有充满自信且敢于担当，才会具有战略定力，才能把控好政治大方向，才能避免在根本问题上出现颠覆性、战略性错误。

六是世界眼光：人类问题—大国担当—中国方案。就是说具有世界眼光，注重从世界历史发展进程来谋划问题。近年来，经济全球化进程中出现了"发展赤字、和平赤字、治理赤字"等三大困境，人类发展面临一些深层次矛盾和难题，西方中心论、新自由主义、资本主导的逻辑，是导致这些困境、矛盾和难题的总根源。自资本主义在西欧兴起以来，一部世界近代史，就是一部资本主导逻辑驱动下的资本主义的全球扩张史。历史地看资本，它创造了人类文明，推动了世界发展。习近平同志以大国领袖的担当，力求为解决人类问题贡献中国方案。他指出："中国共产党人和中国人民完全有信心为人类对更好社会制度的探索提供中国方案。"为人类不断做出新的更大的贡献，是中国共产党和中国人民做出的庄严承诺。第一，中国方案为人类发展所做出的贡献，在于在既不封闭僵化又不改旗易帜的情况下，从客观实际出发，走出了一条符合本民族实际的发展道路。中国方案是一套积极、稳妥的治国理政方案。其积极之处在于，无论从器物到制度、到文化再到国家治理，中国始终不排斥现代化，并且对现代化保持开放与热情；其稳妥之处在于，中国在追求现代化进程中，始终以不牺牲中国固有的制度和文化特性为代价，而是成功地在中国既有的制度基础和文化土壤的基础之上，从中国具体国情和实际出发，走出一条符合自身实际的道路。第二，中国方案为人类发展所做出的贡献，在于它注重"一元主导"，坚持社会主义根本政治原则，能把握好正确的政治方向。在社会思潮多样化的背景下建设中国特色社会主义，需要处理中国特色社会主义与多样化社会思潮的关系。在这一问题上，中国方案坚持"一元主导"的社会主义根本政治原则和方向。这种"一元主导"的中国方案，其优势在于可以避免在改革开放和现代化建设问题上改旗易帜、迷失方向。第三，中国方案为人类发展所做出的贡献，在于它注重"结合"，强调改革发展和现代化进程中基本的矛盾关系的结合、协调，具有可持续性，能避免左右摇摆。不仅如此，中国共产党人既不忘初心、一脉相承地坚持和传承马克思主义传统和血脉，同时又继续前进、与时俱进地丰富和发展了马克思主义。第四，中国方案为人类发展所做出的贡献，在于它具有成长的内在驱动力，注重"自主创新"，实施创新驱动，一刻也不懈怠。第五，中国方案为人类发展所做出的贡献，在于它注重定标、定向、定心，沿着正确的道路前行，具有凝聚人心的作用和战略定力，不动摇，从而使中国特色社会主义道路越走越宽广。中国道路意在定标，中国理论意在定向，中国制度意在定心。以中国道路、中国理论、中国制度为内容的中国方案，可以使中国共产党人聚精会神搞建设、一心一意谋发展。第六，中国方案为人类发展所做出的贡献，在于它注重在政府、市场与社会的关系框架中，不断解决社会主要矛盾，使党的领导力量、市场配置力量、人民主体力量都得到充分协调发挥，形成合力，可以避免"折腾"，进而让一切创造财富的源泉涌流，让一切创新能力迸发，从而使中国取得巨大成就。第七，中国方案为人类发展所做出的贡献，还在于它是一套富有建设性的治国理政方案，可以为人类发展提供诸多治国理政上的借鉴，具有正能量。在世界历史上，中国是不以殖民、扩张为手段而实现崛起的国家，中国以与现存的世界体系进行产品、服务、资金和技术交换为主要内容，实现了自身的和平崛起。这一历程从根本上决定了，随着中国在世界上的话语权不断增大，中国必然会越来越发挥建设性作用。尤其是中国方案中特别强调坚持中国共产党领导，更向世人宣示：一些国家和地区之所以陷入混乱和动荡而难以自拔，主要的原因就是缺乏思想整合、利益整合和力量整合；而思想整合、利益整合和力量整合的缺乏，主要的原因就是缺乏强有力的政党领导，而中国共产党是整合思想、利益和力量的最强有力的领导主体、领导核心、领导力量。

七是步骤安排：破解难题—建构秩序—唱响中国。就是说注重战略谋划，善于遵循事物发展规律来治国理政。中国"蛋糕"相对做大以后，中国式现代化就进入了富起来到强起来的阶段，现在遇到的问题并不比过去少。当今，民众的权利诉求、民主诉求、参与诉求和公正诉求等日趋增强。然而，与民众表达诉求日趋增长的需求侧相比，供给侧显得相对不足。这既有客观原因，也有民众自身的主观原因。就客观而言，中国人均资源占有率还比较低，资源配置也不够合理，对诉求供给不足。就主观而言，一些人的公民意识和文明素养也不是很高。这就容易产生各种矛盾，使中国发展进入矛盾多发期。面对矛盾和问题，一些人缺乏问题意识和担当精神，回避和掩盖矛盾，使矛盾"堆成山"，积重难返，严重阻碍了中国现代化发展进程。此外，当今中国共产党人不仅要破解影响改革发展稳定的体制机制弊端和利益固化藩篱等事关发展前途的"命运性问题"，还要应对中国共产党面临的"四大考验"、化解"四种危险"。就是说，习近平同志治国理政面临的困难、挑战、风险是非常严峻的。正因为如此，党的十八大以来，习近平同志首先把破解种种难题并使中国共产党自身过硬作为治国理政思路的突破口。在注重"破"的同时，习近平同志更注重"立"，致力于构建当代中国社会发展新秩序。这体现在他基于社会主义核心价值观，既注重分配制度和干部人事制度改革，又力求使社会发展的动力、平衡和治理协调、配合，也使党的领导力量、市场配置力量和人民主体力量协调并形成合力，还运用法治和德治、党纪和法规规范、约束党员干部，以形成一种各尽其能、各得其所、和谐相处的良好的干事创业氛围。在破解难题、构建秩序的进程中，习近平同志十分注重唱响中国，讲好中国故事。党的十八大以来，习近平同志注重从正面奋力唱响中国梦、中国道路、中国精神和中国力量等"中国声音"，使之真正发挥作用并产生积极影响，从而彰显中国元素、树立中国形象、坚定"四个自信"。

八是刚性执行：战略谋划—关键少数—落细落小。就是说注重贯彻落实，既抓关键少数，也抓绝大多数。实践，首先要对实践行动做出战略谋划。这是基础和前提。党的十八大以来，以习近平同志为核心的党中央治国理政需要思考的问题是：中国发展起来以后所要实现的战略目标是什么？实现目标的总体方略是什么？习近平同志所做出的战略谋划是：以新发展理念为引领，通过统筹推进"五位一体"总体布局、协调推进"四个全面"战略布局，实现"两个一百年"奋斗目标、实现中华民族伟大复兴中国梦。具体来讲，这种战略谋划包括三个基本方面：一是坚持顶层设计和摸着石头过河相统一。党的十八大以来，在中国发展起来以后的时期，习近平同志治国理政，需要对所实现的奋斗目标进行顶层设计。因为这不仅关乎中国共产党人对未来美好社会的构建，而且关乎如何在遵循当代中国社会历史发展规律、全面深刻把握当代中国发展的现实逻辑和反映当代中国实践发展新要求的基础上，来准确确定中国共产党行之有效的奋斗目标。在确认实现这一奋斗目标的手段上，既需要进行顶层设计，也需要摸着石头过河，在实践中进行探索，在实践中进行总结，在实践中不断完善，在实践中进行选择。习近平同志提出的以新发展理念为引领，通过统筹推进"五位一体"总体布局、协调推进"四个全面"战略布局，实现"两个一百年"奋斗目标、实现中华民族伟大复兴中国梦，就是坚持顶层设计和摸着石头过河相统一的结果。二是坚持"全局、长远、根本"相统一。习近平同志指出，治大国如烹小鲜。其意思是：要寻求实现"两个一百年"奋斗目标、实现中华民族伟大复兴中国梦的总体方略，既要跳出局部，从全局看局部（把影响现代化和民族复兴的全部因素加以了解和把握），这叫作把握全局；又要跳出眼前，从长远看眼前（把影响现代化和民族复兴的长远因素加以把握），这叫作把握长远；还要跳出表象，从影响现代化和民族复兴的"根本因素"看表象（注重把握影响现代化和民族复兴"全部因素"中的"根本因素"），这叫作把握根本。这就需要运用战略思维。以习近平同志为核心的党中央治国理政所提出的"新发展理念"、统筹推进"五位一体"总体布局、协调推进"四个全面"战略布局和"推进国家治理现代化"，体现的就是坚持"全局、长远、根本"相统一的工作方法。三是坚持统筹兼顾和轻重缓急相统一。确定中国共产党的奋斗目标和路径方略，既要坚持统筹兼顾，做到全面把握，又要注意轻重缓急，做到重点把握。习近平同志所讲的实现"两个一百年"奋斗目标、实现中华民族伟大复兴的中国梦，就是中国共产党所要实现的所有奋斗目标中的最根本的奋斗目标，习近平同志所讲的推进国家治理现代化，就是实现民族复兴的所有路径中的根本路径。战略谋划之后，习近平同志把注重关键少数和绝大多数结合起来，既注重抓领导干部这一关键少数，又注重依靠人民群众这一绝大多数。

九是根本机制：动力—平衡—治理。就是说抓住任何事物内部所存在的三种根本机制，注重运用这三种根本机制来治国理政。社会基本矛盾的适合不适合，主要看这三个方面能否达至有机统一。适合，社会发展既有动力，也达至平衡，遇到问题也能得到有效治理。否则，社会发展既缺乏动力，也失去平衡，遇到问题得不到有效治理。"动力—平衡—治理"是任何社会历史发展中普遍存在的三种根本因素或三种根本机制，理解和把握好这三种根本因素和机制，是解决问题、做好工作的一种重要工作方法。习近平同志在阐述全面深化改革时,在分析当今世界所存在的根本问题时,就是围绕"动力—平衡—治理"来进行的。如他所讲的"激发社会活力、促进公平正义、推进国家治理""发展赤字、和平赤字、治理赤字"等。

十是治理智慧：发挥优势—补齐短板—打牢支点。就是说把握治理逻辑,注重从发展逻辑上解决问题。习近平新时代中国特色社会主义思想注重发挥比较优势,补齐发展短板,打牢发展支点。中国所具有的比较优势,首要体现在决策正确上,中国共产党领导和国家主导体制能举国力办成事关中国发展命运的大事。这种体制在引领社会方向、组织社会资源、动员社会力量和控制社会矛盾方面,在攻坚克难和凝聚力量方面,具有比较优势,效率较高。新中国成立后,中国很快奠定了国家发展的基础。1978年以来,中国改革开放和现代化建设取得了巨大成就,其根本原因之一就在这里。中国特色社会主义制度的最大优势就是坚持中国共产党领导。习近平同志特别强调坚定不移坚持中国共产党领导地位,要坚持和发展中国特色社会主义。如果权力过于集中而又缺乏有效制约,就容易导致官僚主义,进而导致精神懈怠、能力不足、脱离群众、消极腐败。这是发展面临的短板。习近平同志治国理政的一个鲜明特点,就是努力补齐短板,如克服体制机制、党的作风以及全面建成小康社会等领域的短板,"协调发展""精准脱贫"等就体现这一点。中国特色社会主义建设的基本事实和本质特征,就是要把党的领导、市场配置和人民主体有机结合起来。人民主体体现社会主义本质,党的领导、市场配置则分别从政治和经济等方面体现中国特色。习近平同志治国理政特别注重打牢这三大支点，注重使党的领导力量、市场配置力量和人民主体力量协调并形成合力。他强调要坚持中国共产党的领导，正确处理政府、市场与社会的关系，坚持以人民为中心的发展思想，坚持人民主体地位，就体现了这一点。

此外，坚持人民至上：实事求是—人民中心—知行合一。就是说把人民放在心目中最高的位置，注重从满足人民美好生活的需要来思考问题。这一点前有所述，故不再赘述。

第 六 章

构建"中国理论"需要
确立"学术自我"

　　构建"中国理论",一个根本条件,就是要确立中华民族的"学术自我"。如果对"西方理论"产生一种依赖,缺乏"学术自我",缺乏"学术主体性",那是难以构建"中国理论"的。

　　在国际物质生产分工体系中,发展中国家都在从原材料供应到高端成品供应的链条中寻求转型升级。在国际精神生产分工体系中,当代中国也应该从"原材料供应国"向"成品供应国"的位置提升。这就需要我们转变"西方学者研究自己的问题,我们解读西方学者的著作",或"用中国的资料、数据和实例来验证西方的论断、命题和理论",或"用西方的原理与方法来解释中国现实、生活经验及其历史演变"这样单向的研究理路,基于当代中国发展的现实逻辑,揭示和分析"中国问题",坚持马克思主义为指导,积极汲取中华优秀传统文化的思想资源、西方现代文明的要素,建构能够解释和引领当代中国发展及其现实逻辑、中国问题的范畴体系和话语方式,进而创造"理论上的中国"与中华民族的"学术自我"和"思想自我"。一个民族要能够自信地屹立于世界民族之林,经济政治社会发展是必要的基础，同时，学术自信和思想自立也是不可或缺的重要因素，甚至是关键性的要素。

能否像曾经在中华文明的长河中消化融合佛教一样，消化和重构现代西方文化，在呈现中华文化包容性之广、融合力之伟、思想生命力之旺、创造力之强的过程中，既延续中华文明血脉，又引领对现代化实现方式的新探索？能否协调处理好构成当代中国文化生态的马克思主义文化、中国传统文化和西方文化，凝聚出新型的特色文明？能否建构出既全面理解和把握现代西方文明，又面向"中国问题"、延续中国文明基因和符合中国人思维方式的中国话语体系，并在世界文明国家中拥有影响力和辐射力，不断提升话语权？面对作为后发现代化国家和日益觉醒的"使命型文明"的"中国之问"，我们这里沿着"现实逻辑→中国问题→中国话语"的研究理路进行尝试性的探索。

◇◇ 一　承载时代使命和回归学术本质

这是从理论逻辑到现实逻辑。

当代中国正处于由文明大国向文明强国迈进的关键时期，我们的学者应该肩负起时代的使命，研究当代发展的现实逻辑和中国问题，为实现现代化和民族复兴提供学术上和思想上的支撑。然而，我们有的学术研究却存在着"耕了别人地、荒了自己田"的研究短板。1978年我国实行改革开放和现代化建设以后，我们向西方学习，学习西方先进的管理经验、科学技术和文化。所以，

第六章　构建"中国理论"需要确立"学术自我"

我们一些学者比较关注西方的学术著作、学术概念、学术思想、名师大家。这对开阔我们的研究视野、提升我们的学术研究水平和了解西方思想文化，具有一定积极意义，还应继续研究。同时在有些人身上却出现了某种"西化"倾向，"耕了西方地，荒了中国田"。就是说，一些人对西方的概念、范畴、命题、思想、理论、思维比较了解，较注重研究西方议题，而对1978年以来当代中国发展的现实逻辑与中国问题却缺乏真正深入的研究。在学术研究中，没有真正形成我们中国自己的概念范畴体系，也没有真正形成我们中国自己的学术理论体系，结果是理论创新动力不足，缺乏真正具有原创性的理论和思想。此外，我们有的学术研究存在着学术、政治和大众三者相对脱离的研究短板。要么有学术无政治、无大众，既不关注政治，也不关注大众需求；要么有政治无学术、无大众，既缺乏学理支撑，也缺乏大众化。这两种现象都仅限于理论逻辑，缺乏现实关切，远离了学术、理论研究的初心。要反映时代和实践发展新要求，我们的学术理论研究应当有所转变和突破，由注重理论逻辑走向更加注重现实逻辑和理论逻辑的统一，就像马克思写《资本论》那样（即通过研究他当时所处的资本主义社会发展的现实逻辑，形成了系列新概念新范畴新论断新思想），多关注当代中国发展的现实逻辑，多研究中国议题，并提升中国理论，以建构"理论上的中国"。

理论和思想是学术研究的成果。为解释世界和引领时代发展提供理论分析框架和研究方法，是学者的时代使命。承载时代使命和回归学术本质，离不开对理论逻辑和现实逻辑的综合把握。不同于重视对学术史和思想史的梳理,也不同于通过解读经典文本以解释重要概念的演变和理论的发展逻辑,现实逻辑则注重解读现实生活世界及其发展,并从现实这本"鲜活的书"中总结经验和提升理论。现实逻辑和理论逻辑存在着明显的差异性:从研究对象上看,现实逻辑聚焦现实发展,理论逻辑锁定概念演绎;从研究方式上看,现实逻辑注重从现实生活中总结经验和提升理论,理论逻辑注重从文本中解读概念和理论,并用于解释现实;从研究主体上看,理论逻辑是"学院派"的强项,现实逻辑是"实践派"的所爱。当然,现实逻辑和理论逻辑之间也存在着内在勾连和密切联系,如现实逻辑要提升到理论逻辑的高度进行把握,理论逻辑归根到底也离不开特定的现实逻辑。

现代学术的本质,应该是"现实中的理论"和"理论中的现实"相统一。既不能抛开现实沉迷于"形而上"的理论,也不能满足于解释现实和注解生活,缺乏思维高度和理论水平。古代学者大多重视师承关系和思想渊源,善于从书本中寻求知识、锤炼概念和建立自己的话语符号。与之不同,现代学术更加重视从人类社会历史事实和现实生活世界中寻找学问和建立解释体系。由于先发现代化国家对于现代化的丰富经验及其相应的理论优势,我们的学术研究往往倾向于借助西方的学术概念、理论框架和研究范式来间接地把握和理解我们的现实逻辑。针对"重视理论、轻视现实"的研究现状,尤其是有些学者试图仅仅用西方理论解释和引导当代中国现代化建设实践的倾向,我们应该在理论逻辑和现实逻辑的统一中,更加注重研究当代中国发展的现实逻辑及其中国问题,以肩负起历史赋予当代中国学者的时代使命。实际上,改革开放启动初期发挥重要作用的关于"实践是检验真理的唯一标准"的大讨论,就已经提出了"实践标准"与"理论标准"或"语录标准"的矛盾关系,提出了遵循"实践逻辑"或"现实逻辑"的新时代课题。

应当怎样理解这里所谓的"现实"?哲学所理解和把握的"现实",首先应超越平常看得见、摸得着的所谓"现存"即"现象"或"表象",进而上升到偶然性背后的"必然性"、现象背后的"本质性"和感性背后的"理性"的高度,并在必然性与偶然性、本质与现象、感性和理性的统一中把握"现实"。那种脱离必然、本质和理性的偶然、现象和感性不是现实性的"存在",而那种没有表现在偶然、现象和感性中的必然、本质、理性,只是在逻辑中存在,也不具有现实性。黑格尔曾对"现实"下过一个经典定义:"现实是本质与实存或内与外所直接形成的统一",① 他的法哲学思想还有一个关于"现实"的著名论断:"凡是合乎理性的东西都是现实的;凡是现实的东西都是合乎理性的。"② 这里,黑格尔的现实观为我们呈现出一个全面立体的、动态的、通过偶然性而为必然性与合理性开辟道路的"现实"。由此,任何建立在割裂偶然性与必然性、现象与本质、感性与理性的基础上对于"现实"的分析与研究,都偏离了"现实"的本质及其整体性存在。

在此基础上,所谓"现实逻辑",就是指现实中以偶然性、现象性和感性等形式呈现的必然性、本质和理性,是必然、本质和理

---

① [德]黑格尔:《小逻辑》,贺麟译,商务印书馆1980年版,第295页。
② [德]黑格尔:《法哲学原理》,张企泰译,商务印书馆1961年版,第11页。

性通过偶然、现象和感性为自己开辟道路的内在展开的逻辑进程，且其逻辑展开进程具有内在的因果关系，以及这样的"现实性存在"的演变过程及其历史性联系。在人类历史长河中，"现实逻辑"蕴含着过去、现在和未来的现象变化及其演进规律，是过去、现在和未来的内在统一及其发展逻辑的相互勾连。

◇ 二　基于当代中国发展的现实逻辑研究中国问题

这是从西方范式到中国问题的逻辑。

先发现代化国家在奠定物质生产领域和科技领先地位的同时，也确立了在精神生产领域的优势地位。在一定时期，后发现代化国家在学习西方发达国家的科学技术和先进管理经验的同时，也逐渐成为精神产品上的"依附国"。不可否认的是，西方率先开启了迈向现代化的大门，并积累了丰富的现代文明经验，其中有值得发展中国家认真学习和积极汲取的成果与智慧。然而，后发现代化国家在现代化的征程中，绝不能一味地跟着西方亦步亦趋，而应面对多样性的价值，坚持主体性的自我抉择。尤其是在思想理论和精神文化领域，既要避免对于西方现代文明囫囵吞枣或"食洋不化"，也要注意不能让我们的脑袋成为西方思想的"跑马场"，当然同时也要注意克服妄自尊大或唯我独尊的夜郎心态。这就要求我们对于现代西方文明，既要放到历史境遇、时代条件和客观环境中进行客观且合理的解释，也要在思想史和文本语境中对于西方思想文化进行完整准确深入的理解。在此基础上，更要重视对现代西方文明的消化和重构，如此才能真正汲取其文明有益成果为我所用。值得注意的是，当今中国学者在研究中国问题的过程中，一定程度上出现了一些类似的错误倾向：或者把西方国家发展过程中出现的问题移植为中国现代化征程中的问题；或者未经批判地借用西方理论对中国问题作似是而非的判断与分析；或者离开西方学者著作的时代背景，在解读西方文本及其理论成果的过程中，试图洞察中国问题的实质。这样南辕北辙的中国问题研究，恐怕难以真正推进我们的现代化建设实践和民族复兴的伟业。

值得进一步指出的是，学术理论研究的本质是平等对话和交流，蕴含的是"主主平等"的哲学思维。对一些在政治上具有根本性的原则问题，我们一定要是非分明，坚守马克思主义政治立场，坚守政治纪律。对一些学术问题的讨论，我们应在坚守马克思主义立场的前提下，平等对话、协商交流。学者之间以"主—客"思维对待学术讨论不可取。研究学术问题，还要坚持历史唯物主义方法论。实践是发生变化的，人们的认识也是发生变化的，因而人的认识是有一定局限性的。当年马克思的思想认识也发生了变化，青年马克思与晚年马克思，在理论、思想上就发生了不小变化。所以，我们要把他人的研究成果放在一定的历史发展进程和条件中去看。我们的学者应真正具有现实问题意识和发展目标导向，把经验智慧、聪明才智和学术能力聚焦到全面深入研究实现现代化和民族复兴等"中国问题"上来，进而述学立论、建言献策。

提出、分析和解决"中国问题",应在世界视野和世界眼光中重点把握中国的地域特征、资源环境、中国人的生活方式和风俗习惯、经济政治社会运行方式和文化生态。把握当代中国(这里的"当代中国",主要指涉改革开放以来的中国)问题,应基于当代中国发展的现实逻辑。对此加以全面深入研究,必会为推进当代中国马克思主义哲学的创新发展提供坚实基础、新的源泉和不竭动力,也可以为分析和解决中国问题奠定坚实基础。

透过改革开放以来从传统农业文明转向现代工业文明、从计划经济转向社会主义市场经济的整体转型中所发生的诸多生动变化及其鲜活经验,如何把握中国特色社会主义现代化建设实践所具有的"中国逻辑"?我们曾认为,其内在逻辑与解释、分析框架可概括为:功能思维→政府主导→理论引领→混合结构→人民主体。具体而言,中国特色社会主义建设要求在坚持马克思主义、社会主义和中国共产党领导的根本原则的前提下首先确立功能思维;自觉建构"一元主导""二基和谐""自主创新"的中国发展新格局;[①] 确定中国特色社会主义的发展目标、发展路径和发展思路需要理论引领;中国特色社会主义建设的一个基本图景,就是形成了以公有制为主体的混合结构;中国特色社会主义建设的根本价值取向是注重民众参与、尊重合理诉求和关注民生。基于这种实践创新,中国特色社会主义进一步发展的趋向就是:调整结构→改革体制→转变方式→建构秩序。

[①] 所谓"一元主导",指的是马克思主义的指导、中国共产党的领导。所谓"二基和谐",是指中国特色社会主义建设进程中一系列基本的矛盾双方的统一。

第六章 构建"中国理论"需要确立"学术自我"

如果说"思想解放"是改革开放以来当代中国发展的历史起点，那么"结构转型"既是理解和把握当代中国"现实逻辑"的逻辑起点，也是理解和把握当代中国发展的"现实逻辑"的一把钥匙。为了在现象与本质、偶然与必然、感性与理性的统一中，更加全面和动态地呈现当代中国发展的"现实逻辑"，我们在概括中国特色社会主义现代化建设实践的内生逻辑及其分析框架的基础上，进一步从"结构转型—领域分离—力量转移—利益博弈—多元纷争—思想分化—认同危机—社会无序—整合共识—整体转型—现代治理—建构秩序—民族复兴"等立体动态的维度，来把握1978年以来当代中国发展的"现实逻辑"。

理解这样的"现实逻辑"，首要是把握作为逻辑起点的"结构转型"。作为当代中国现代化发展进程中诸多结构性变化、重组的体现及其概括，这里的"结构转型"，在内容上既包括经济领域的所有制结构、分配结构、产业结构、经济增长的要素结构、投资结构、资源配置结构的转型，也包括政治领域的权力结构转型，还包括文化领域的文化结构转型。因此，所谓"结构转型"，就是在坚守马克思主义、社会主义、中国共产党领导的根本原则的前提下，既包括经济结构、政治结构、社会结构和文化结构及其相互关系的总体性结构变动，也是一种突破了单纯追求经济总量增长的整体性发展。中国传统社会的政治权力相对过大、经济权力和社会权力相对较小的"金字塔式"社会结构，是实现社会主义现代化和中华民族伟大复兴的结构性障碍，由此，当今中国就必须实现结构转型，由社会层级结构转向在中国共产党领导下的政治权力、经济权力和社会权力相互制约、相辅相成的新型社会结构。之所以把"结构转型"作为把握当代中国发展"现实逻辑"的逻辑起点，是因为"结构转型"的逻辑展开构成了当代中国现代化进程的主线。中国式现代化发展过程首要是结构转型过程。这种转型，是从1978年真正开始的。推进结构转型，引起了"领域分离""力量转移"等一系列现实逻辑的依次展开，当然其间存在着相互交叉相互关联的内在联系。

基于当代中国发展的现实逻辑研究"中国问题"，需要重点把握这样两个方面的内容：

一是基于现实逻辑提出和分析中国问题。正如一方水土养一方人，一定的现实逻辑也孕育着特定的现实问题。当代中国发展的现实逻辑就是滋长中国问题和滋养中国学者的"中国水土"。当代"中国问题"植根于当代中国发展的"现实逻辑"之中。但问题不会自在地产生，而是源于实践过程中的主客体相互作用，发起于主体的反思和追问之中，发源于需求与满足的矛盾之中。问题实际上是现实逻辑、客观矛盾与主体追问的统一。没有"现实逻辑"及其中的矛盾，就不会有问题，它是基础和前提；没有主体的追思和发问，也就没有所谓的问题，它是主体追问生成的。在这种意义上可以说，问题存在于现实逻辑、客观矛盾与主体追问的相互作用中。

我们需要从当代中国发展的"现实逻辑"中提升出"中国问题"，进而在对"中国问题"的解答中，推进当代中国马克思主义哲学的创新发展。这里的"中国问题"，是具有结构性的中国问题。其一是结构问题。从结构转型到民族复兴的现实逻辑，都因结构转型而生,因结构转型而存在。其二是实现什么样的现代化和民族复兴、怎样实现现代化和民族复兴的时代性课题。进行结构转型及结构转型展开的过程是为了实现现代化和民族复兴。其三是在结构转型进程且从中国的"现实逻辑"中产生出来的问题。如力量转移和利益博弈引起了什么样的社会结构性变化和整体性变化?这种结构性变化和整体性变化会给社会发展和人的发展带来什么影响?如何整合多样化的社会意识以达成共识?面对社会的结构性变化和整体性变化,如何在多样多元多变的时代进行现代治理,并建构当代中国社会发展新的良性秩序?怎样适应经济发展新常态?如何推进国家治理、社会治理现代化?在文化多元情境下如何进行文化整合?如何转变政府职能?如何消解"资本统治""物化生存"和"物的依赖"的逻辑,进而实现人的经济解放、政治解放、社会解放和文化解放以及人的全面发展?等等。对上述问题的解答,必会为推进当代中国马克思主义哲学的创新发展,提供新的生长点。

从当代中国发展的"现实逻辑"中生长或产生出来的"中国问题"中,最根本的问题是人们所要回答的"时代性课题",或者说,从当代中国发展的"现实逻辑"中应提升出当今需要我们高度关注并回答的时代性课题。根据以上论述,这一时代性课题,从哲学来讲可从目标和手段两个基本维度来把握:其一是目标维度,即实现什么样的现代化和民族复兴;其二是手段维度,即怎样实现现代化和民族复兴。近代以来,尤其是1978年以来,中国的历史使命和总任务就是实现社会主义现代化和中华民族伟大复兴,而实现"结构转型""整体升级""整合共识""现代治理"和"建构秩序"等,主要就是解决怎样实现现代化和中华民族伟大复兴问题的。解答这种具有总体性的时代性课题所需要的哲学思维，是"总体性战略辩证法"。这里，战略思维重根本、全局和长远，并对战略问题做出战略性思考和谋划。总体性辩证法注重系统、结构、矛盾和重点，注重联系和发展，注重运用辩证思维化解矛盾、解决问题、把握工作重点。

二是研究基于现实逻辑又高于现实逻辑的哲学层次的"中国问题"，以优化和引领现实逻辑。在基于当代中国发展的现实逻辑提升和研究"中国问题"的过程中，哲学思维的反思性、批判性和超越性，推动着我们关注制约中国发展命运和中国人生活方式的根本性问题，关注具有总体性和普遍性的中国问题。提升到超越现实的理论高度和关注理想的目标远景维度，我们必然要进入这样一个问题链：如何从规律、机制和法则的高度来把握和阐释改革开放以来中国现代化建设实践及其带来的巨大变迁？如何基于中国道路和中国经验提升中国式现代化理论或"东方现代化"理论？在人口总量超越西方发达国家之和的情况下，如何把握人均现代化水平与资源限制和环境承载力的矛盾？如何看待用几十年时间基本走完西方国家数百年所走过的现代化历程的中国式现代化的时空压缩路径及其发展前景？

在这样的问题域中，有四个具有统领性的根本问题：其一是面向"过去"的中国传统文化的转化问题。这是制约从传统农业文明向现代工业文明转型的深层次问题，是关系到中国人的生活方式、行为方式和思维方式，进而渗透到经济、政治、社会、生态等方方面面的问题。其二是面向"现在"的结构转型、力量转移和关系协调的问题。这是当代中国最大的现实问题，对于这些问题的思考和解决关涉到其他一系列问题。其三是面向"未来"的中国向何处去的问题。这是一个涉及根本方向的普遍存在又与时俱进的总问题。其四是面向蕴含在过去、现在、未来之中的带有规律性的最"本质"问题，即社会历史发展的动力机制、平衡机制和治理机制及其协调优化并形成合力的问题。当前，人对物的依赖的超越与人的精神世界重建，是当代中国文化转型过程中面临的突出问题。需要指出的是，这些问题及其探讨方式，不是纯哲学的，而是属于中国问题中的哲学研究，即从"现实逻辑"与具有普遍性和根本性的"中国问题"出发，上升到哲学层面，或以哲学方式进行探讨。当然，还需要注意的是，这里的中国问题是开放性的，即它还可以随着实践与历史的发展而得到不断补充、丰富和完善。通过对哲学思维层次的中国问题的提升和研究，可以在理论与现实、规划与实践、目标远景与历史阶段的互动中，优化和引领现实逻辑。

◇ 三 建构面向现实逻辑和中国问题的话语体系

这是从文明互鉴到中国话语的逻辑。

在当今全球化时代，文明交流、文明互鉴离不开一定的话语体系。中国特色哲学社会科学话语体系，是中国文化软实力的集中体现，也是我国哲学社会科学研究领域研究的一个重大问题。当今中西方在理论、思想、文化上的交流交融交锋，往往蕴含话语权之争，其中就涉及话语体系问题。当前，在世界文明交流和文明互鉴中，中国特色哲学社会科学话语权与中国的国家实力和国际地位不相符，这日益成为大家普遍关注的问题。其中，建构基于当代中国发展的现实逻辑和面向中国问题的话语体系，是尝试改变这种现状的一种研究理路。黑格尔在1805年5月致沃斯的信中说："路德让圣经说德语，您让荷马说德语，这是对一个民族所作出的最大贡献，因为，一个民族除非用自己的语言来习知那最优秀的东西，否则，这东西就不会真正成为它的财富，它还将是野蛮的。如果您认为这两个例子都已成为过去，现在我想说，我也在力求教给哲学说德语。如果哲学一旦学会了说德语，那么那些平庸的思想就永远也难于在语言上貌似深奥了。"[①] 在坚持中华民族的学术主体和思想主体地位的同时，兼收并蓄世界文明智慧，构建我们中国自己的话语体系，无疑是实现现代化和民族复兴事业的重要环节。

如何构建具有中国特色的当代话语体系？这是一个见仁见智的问题，也是一个需要在日益深化的讨论中不断寻求共识的问题。这里从话语特征、话语资源和话语层次等维度进行一些初步的思考。

第一，关于话语特征。我们应坚持"西为中用、古为今用"的原则，着力构建具有民族性与世界性的统一、时代性与人民性的统一、继承性与创新性的统一等特征的中国话语体系。话语体系来源于时代问题和现实生活。无论是偏重抽象概括和逻辑严谨的书面话

[①] 苗力田译编：《黑格尔通信百封》，上海人民出版社1981年版，第202页。

语，还是生动灵活的口头话语，往往都是围绕一定的问题与在一定的生活场景中生成的。马克思曾明确指出："一个时代的迫切问题，有着和任何在内容上有根据的因而也是合理的问题共同的命运：主要的困难不是答案，而是问题。"①"每个问题只要已成为现实的问题，就能得到答案。……问题却是公开的、无所顾忌的、支配一切个人的时代之声。问题是时代的格言，是表现时代自己内心状态的最实际的呼声。"② 基于时代的本质特征及其发生的问题，才能产生传达时代的内在呼声和具有时代影响力的话语体系。然而，在讨论当代中国问题的过程中，从范畴体系、理论范式和话语方式来看，很少产生出具有重大影响的中国范畴、中国理论和中国话语，而大多还是在使用西方的、中国传统的、经典文本中的、教科书中的概念、范畴、表述、理论和框架。针对这种研究现状，我们应该增强自觉的话语意识和明确的话语特征取向。此外，还需注意的是话语与生活紧密相连。在这方面，我们应克服"有概念无生活、有生活无概念"的研究短板。1978年以来，我国学术研究、理论研究取得重大进展，但也存在不足。其中之一，就是我们的某些学术研究往往是"有概念没生活、有生活没概念"。要么从概念到概念，没有揭示所用概念蕴含的生活的内涵，要么对1978年以来中国所发生的广泛而深刻的时代和实践变化缺乏直接面对，没有从中提升出新概念新范畴新表述，也没有提升出新理念新思想新论断。如何让概念

---

① 马克思、恩格斯：《马克思恩格斯全集》第1卷，人民出版社1995年版，第203页。

② 同上。

有生活，让生活有概念，是我们今后应注意的问题。

第二，关于话语资源。一方面要反对妄自尊大，在话语资源上借鉴现代西方文化的合理因素。当然，首先要从整体上和本源上把握西方文化，并批判性地吸收和消化西方文化的智慧。此外，还要把握西方现代文明的本质是什么，它是怎么从传统西方文明中演化而来的，它对人类世界的贡献究竟在哪里。另一方面也要反对妄自菲薄，积极传承中华优秀传统文化的话语智慧。我们不能仅仅满足于解读西方学者的著作，不能仅仅满足于从概念到概念、从理论到理论，使自己的大脑成为别人思想之"跑马场"。我们主张面向"中国问题"，深刻揭示产生中国问题的现实逻辑，并借助于阅读经典著作时思想碰撞所激发出来的思想力量，同时遵循"中国问题·中国方法·中国理论"的内在逻辑，建构面向"中国问题"、符合中国人思维方式和表达方式、书写当代中国发展的现实逻辑的范畴体系和话语方式。这就需要注意把握三种文化形态的话语资源：作为主流文化形态的马克思主义文化，它以党的指导思想和国家的意识形态的形式而存在；作为大众文化形态的传统文化，主要存在于居住着中国大多数人口的广大农村地区及一些儒学知识分子中；作为一些学术精英专注研究的西方文化，主要存在于相对发展起来的一些城市、地区及一些知识分子中间。我们应坚持以马克思主义为指导，坚持以人民为中心的研究路线，在三大文化生态与中国现代性建构的实践互动中，经受历史的考验，积淀出能够凝聚人民力量的中国精神，并在此基础上塑造具有世界话语权的中国话语。

值得注意的是，在中国话语的建构中，不能忘记拾取以往所忽视的我国改革开放以来的实践经验、思想智慧所凝成的话语果实。比如，我们可以从当代中国发展的"现实逻辑"和"中国问题"中，形成和提炼出一系列具有标识性、原创性的新概念新范畴新表述新理论，从而为推动当代中国马克思主义哲学创新发展提供新的内容。前文概述的从"结构转型"到"民族复兴"，既蕴含着一系列新的"中国问题"，也是解释、说明当代中国发展的"现实逻辑"的一系列新概念新范畴新理论。因而，通过对这些新问题新概念新范畴新理论的全面深入分析研究，可以丰富和发展当代中国马克思主义哲学，进而推进当代中国马克思主义哲学的理论创新。

第三，关于话语体系。话语背后的核心是概念、观念和思想即"道"，概念、观念、思想背后的支撑是现实逻辑与问题。就是说，所关注的对象和研究内容决定着话语形式。研究当代中国发展的现实逻辑和中国问题，必然会产生一系列的中国话语。提升话语权，要注意构建完整系统的话语体系：正确的话语立场，言之有向，即以马克思主义为指导，坚持以人民为中心，就是"相向而说"；坚实的话语基础，言之有物，即国家发展道路与国家硬实力和软实力，就是"有底气可说"；凝练的话语核心，言之有道，就是"从话语基础提升出的核心概念、核心理念"；核心的话语之道，言之有理，即围绕核心理念而加以全面系统阐述的核心理论，就是系统"讲什么"；有效的话语方式，言之有效，就是"怎么讲得让大家爱听"；坚定的话语自信，言之有信，就是"能充满自信地讲"；快捷的话语传播，言之有声，就是"讲的话能传播出去"；有影响力的话语权，言之有力，就是"讲的话能影响别人，具有掌控话语的权力"。

第 七 章

应基于中国道路构建当代中国的核心理论

实践是理论之母。中国道路是中国理论的发源地，就是说，我们可以从中国道路中揭示能解决人类问题和中国问题的当代中国的核心理论。这一理论，就是"动力机制、平衡机制和治理机制三统一"的"三机制论"。这一理论，是当代中国为世界贡献的最为核心的理论。

◇ 一 中国道路蕴含"三种根本机制"

中国道路蕴含着三种根本机制：动力机制、平衡机制和治理机制。所谓动力机制，是指一个社会赖以运动、发展、变化并呈现活力的不同层级的推动力量，以及它们产生、传输并发生作用的机理和方式。所谓平衡机制，则是指一个社会的各个组成要素和部分之间如何协调相互关系，保持平衡，以和谐、有序、稳定状态运行的机理和方式。所谓治理机制，是指针对发展动力不足、发展失衡而运用各种行之有效的手段和方法所进行的调整、规制、完善。调整的方式有多种，但最根本的，就是改革和革命。

中国道路首先坚持中国共产党领导。中国共产党领导蕴含着三种根本机制。中国共产党领导首先努力使中国的经济社会发展具有动力和活力，如果中国的经济社会发展缺乏动力和活力，停滞不前，一定是中国共产党在动员力、感召力、恒定力方面存在一定的问题；中国共产党领导其次努力使中国的经济社会发展达到平衡、和谐，具有稳定性，如果中国的经济社会发展失去平衡，导致不和谐、不稳定，一定是中国共产党在引领力、净化力方面存在一定的问题；当经济社会发展动力不足、发展失衡的时候，中国共产党的领导力就体现在通过对自身治理、国家治理、社会治理等，来解决好经济社会发展动力不足、发展失衡的问题，如果治理滞后，就难以解决经济社会发展动力不足、发展失衡的问题。历史和实践表明：中国共产党在革命、建设、改革年代，在总体上具有广泛的动员力、感召力、恒定力，经济社会发展的动员能力较强，尤其是在中国改革开放和社会主义现代化建设方面，其经济社会发展的动员能力得到最大限度的发挥，而且总体来看，也在经济社会发展的动力、活力与速度、效率方面取得较好效果。党的十八大以后，以习近平同志为核心的党中央治国理政，特别注重创新发展，着力解决发展不充分的问题。不仅如此，中国共产党也具有较好的引领力、净化力以及平衡力。比如，党的十八大以来，党中央要求牢固树立落实新发展理念，注重全面协调发展和共享发展，致力于解决发展不平衡的问题。党中央治国理政的一个鲜明特点，就是强弱项、补短板。还有，党的十八大以后，以习近平同志为核心的党中央积极推进全面深化改革，而全面深化改革的总目标之一，就是推进国家治理体系和治理能力现代化，以进一步解决好中国经济社会发展动力不足（或发展不充分的问题）、发展失衡的问题。

中国道路立足历史方位。立足历史方位蕴含着要与时俱进地着力解决好经济社会发展的动力、平衡、治理三种根本机制。1978年以后，邓小平所领导的改革开放和社会主义现代化建设，主要致力于解决中国经济社会发展动力不足的问题，相对注重动力机制。他所强调的解放思想、解放人、解放和发展社会生产力，以及敢闯、敢干、敢为人先等等，都是着力于解决好中国经济社会发展的动力机制问题。历史发展到胡锦涛同志担任总书记时期，中国经济社会获得了长足发展，与此同时，中国经济社会发展中的不平衡、不和谐、不稳定因素也呈现出来了。在这种情境下，胡锦涛同志提出了科学发展观，强调第一要义是发展，核心是以人为本，基本要求是全面协调可持续，根本方法是统筹兼顾，其实质就是致力于解决中国经济社会发展进程中的不平衡、不和谐、不稳定问题，进而构建社会主义和谐社会，因而相对注重平衡机制。党的十八大以后，为进一步解决好中国经济社会发展的创新动力和活力并促进公平正义、增进人民福祉，以习近平同志为核心的党中央进一步全面深化改革，其总目标之一，就是推进国家治理体系和治理能力现代化，这在本质上就是致力于解决好中国经济社会发展中的治理问题，相对注重治理机制。之后，政党治理、国家治理、政府治理、社会治理、网络治理、全球治理等，都提到了议事日程。

中国道路坚持以解放和发展社会生产力、逐步实现全体人民共同富裕、不断促进人的全面发展，来支撑实现社会主义现代化、实现中华民族伟大复兴。这一战略目标之深层，主要是从中国经济社会发展的动力、平衡、治理三个根本层面着眼的。解放和发展社会生产力，内在要求注重解决好经济社会发展的动力机制问题；逐步实现全体人民共同富裕，内在要求注重解决好经济社会发展的平衡机制问题；推进人的全面发展，包括推进人的需要、人的能力、人的关系、人的个性的全面发展，而人的能力和人的个性的全面发展，要求一个国家、一个社会要建立健全良好的动力机制，人的需要的全面发展、人的关系的全面发展，要求一个国家、一个社会要建立健全良好的平衡机制。当一个国家、一个社会的动力机制和平衡机制出现问题，就必须加强治理机制建设，提升国家、社会的治理能力。实现社会主义现代化、实现中华民族伟大复兴，从根本性来讲，内在要求解决好经济社会发展的动力机制、平衡机制和治理机制问题。一个国家和社会如果缺乏动力，就好比一台没有马达的机器，都是散放的零件，一个国家和社会如果缺乏平衡、和谐、稳定，就好比一匹脱缰的野马，没有秩序，一个国家和社会既要具有动力，又要达至平衡、和谐、稳定，国家治理、社会治理是关键。

中国道路分别把"总体布局""发展理念""战略布局"作为总框架、路线图、"牛鼻子"，三者共同构成中国道路的总体方略。这一总体方略内在蕴含着经济社会发展的动力机制、平衡机制、治理机制。我们党提出并注重统筹推进"五位一体"总体布局，与注重经济社会全面协调发展以达至平衡、和谐有关；创新、协调、绿色、开放、共享新发展理念，更是鲜明地体现了经济社会发展动力机制、平衡机制和治理机制：创新发展内在要求注重动力，协调发展、绿色发展、共享发展内在要求注重平衡，要实现创新发展、协调发展、绿色发展、开放发展、共享发展，国家、社会的治理体系、治理能力是关键；协调推进"四个全面"战略布局，同样鲜明地体现了经济社会发展的动力机制、平衡机制和治理机制：全面深化改革相对注重的是经济社会发展的动力，全面依法治国相对注重的是经济社会发展的公平正义，公正即和谐，和谐即稳定，公平正义以及和谐、稳定都与平衡机制直接相关，全面依法治国和全面从严治党内在要求注重经济社会发展的治理机制，因为其中所讲的法治本身就是治理的一种主要方式，全面从严治党就是要加强对党本身的治理。

中国道路要落脚到整合推进党的领导力量、市场配置力量、人民主体力量上。这三种力量之合力，是创造中国奇迹的根本原因，是推动当代中国发展的根本动力，是破解中国问题的根本智慧，因而是中国道路的精髓和灵魂。这三种力量合力之底色，就是注重动力机制、平衡机制和治理机制。市场配置力量相对注重经济社会发展动力机制，党的领导力量、人民主体力量既注重经济社会发展的动力，因为它们首先注重经济社会发展的效率问题，力求把"蛋糕"做大，也注重经济社会发展的平衡，因为它们担负起维护并促进公平正义、调节经济社会发展中的不平衡，即致力于公平合理分割"蛋糕"的责任,以达到平衡、和谐、稳定,还注重经济社会发展中的治理。为顺利完成习近平同志所讲的中国社会主义实践"后半程"的历史任务,中国共产党不仅要加强对自身的治理,加强对国家、社会的治理,而且人民主体力量之重要体现,就是让人民参与对国家事务和社会事务的治理。

由此可以得出结论:中国道路蕴含注重经济社会发展的动力机制、平衡机制和治理机制的"三种根本机制"。

二 作为一种普遍存在的"三种根本机制"

李忠杰教授曾在《中国社会科学》(2007年第1期)发表题为《论社会发展的动力机制与平衡机制》的文章,产生较大反响。我们力求在其研究成果的基础上,进一步深化这种研究。我们认为:动力、平衡和治理是普遍存在于自然界、人类社会、人的精神世界中的三种根本机制;这三种机制既是社会历史发展隐蔽规律的具体体现,也是制度规范、体制运行、政策措施和所呈现象的内在机理;动力机制,释放着社会发展的能量,平衡机制保持着社会各要素、各领域、各部分之间的协调,治理机制力求使动力机制和平衡机制之间达到优化、协调、配合。就是说,动力机制、平衡机制和治理机制在任何事物、任何对象、任何领域中都普遍存在,是从任何事物、任何对象、任何领域中抽象出来的三种根本机制,因而具有普遍性和规律性。

（一）动力机制、平衡机制和治理机制的内涵、功能及其相互关系

这里，我们着重分析社会发展中的动力机制、平衡机制和治理机制的内涵、要素、功能及其相互关系。

首先，关于动力机制。

我们已经说过，动力机制，主要指由社会发展的基本要素所构成的动力系统及其作用机理和方式。动力机制的基本表现是活力。在经济领域，它具体表现为市场效率；在政治领域，它具体表现为政府效能；在文化领域，它具体表现为人民创新精神；在社会领域，它具体表现为社会发展。

动力机制由一些基本要素构成。主要是：人的需要及利益；人的能力尤其创新能力；人的积极性、主动性和创造性；科学技术；市场机制；发展活力。这些基本要素在动力机制中发挥着不同作用：社会发展的动力机制，以人的需要及利益为动力源，以人的能力尤其创新能力为动力能，以人的积极性、主动性和创造性为动力流，以科学技术和市场机制为主要动力手段，以党政主导力量、市场配置力量、人民主体力量之合力为动力核心，以充满发展活力为动力目的。动力机制的本质性功能，主要是解决社会赖以发展的动力，从社会层面上，它既让一切创造财富的源泉涌流，让一切创新能力迸发；从个人层面上，它又要使每个人各显其能。

衡量动力机制的标准主要是速度、效率和活力。考察一个社会

的动力机制状况，就要考察这种机制能否最大限度地激发全体社会成员的创新能力；能否调动全体社会成员的积极性、主动性和创造性；能否使社会各要素、各领域和各方面充满发展动力和创新活力，从而使社会获得快速且有效率的发展。

其次，关于平衡机制。

平衡机制，是指社会各基本要素和各部分之间保持协调、和谐，且稳定有序运行的机理和状态。平衡机制的最高表现是和谐。在经济领域，它主要表现为公平分配利益、化解利益矛盾；在政治领域，它主要表现为公平正义，具有平等的权利、机会和规则；在文化领域，它主要表现为和谐思维；在社会领域，它主要表现为人和人之间的平等和谐关系以及社会稳定有序。

构成平衡机制的基本要素主要是：公正和谐；全面协调；统筹兼顾；稳定有序。公正和谐属于理念，全面协调属于基本要求，统筹兼顾属于根本方法，稳定有序属于结果。平衡机制既注重经济、政治、文化、社会之间的全面协调、统筹兼顾，又注重生产关系与生产力、上层建筑与经济基础之间的适合，还注重人和自然、人和社会、人和人、人的身心之间的和谐。平衡机制的本质性功能，就是通过平衡利益分配和确立公平正义的价值取向，使速度与稳定、效率与公平达到一种均衡状态，并形成一种各得其所、和谐相处、稳定有序的社会发展状态。

衡量平衡机制的标准主要是公正、和谐和稳定。考察一个社会的平衡机制状况，就要考察这种机制能否使全体社会成员各得其所、和谐相处；能否使社会各要素、各领域、各方面的关系处于协调状态；能否使社会公正得到保障，使社会矛盾趋于平缓，使社会发展安定有序。

最后，关于治理机制。

治理机制，是直接指向动力问题和平衡问题的，它以一定理想目标为尺度，通过治理，矫正经济社会发展在动力和平衡方面存在的弊端，使动力机制与平衡机制达到优化、协调、配合，从而促进生产关系与生产力、上层建筑与经济基础之间相适合，推动经济、政治、文化、社会、生态等诸种体制不断完善。

治理机制的理念，是促进公平正义、增进人民福祉；治理的核心对象及其目的，是实现动力机制与平衡机制的优化及二者之间的协调、配合，使利益、资源达到公正合理的分配；治理的内容，是调整生产关系与生产力、上层建筑与经济基础不适合的部分；治理的方式主要有两种：革命与改革，完全不适合则需要革命，部分不适合则需要改革。衡量治理机制的标准，主要看社会发展的动力机制与平衡机制是否得到优化、协调和配合，看利益、资源是否达到公正合理的分配。

动力机制、平衡机制和治理机制都是通过一定的制度规范、体制运作和政策措施体现出来的，在一定制度规范、体制运作和政策措施的背后起根本作用的，是动力、平衡和治理三种根本机制。比如，看社会主义分配制度的作用，就主要看它的分配的效率性（动力）、分配的道义性（平衡）和分配的正义性（治理）状况；看一种政治体制的作用，就主要看政府的效能（动力）、权利的平等（平衡）与政府对经济社会发展的动力和平衡的治理

（治理）状况；把握改革的政策措施的作用，应主要围绕改革（治理）与发展（动力）、稳定（平衡）的关系展开，即改革的政策措施能否解决经济社会发展的动力与平衡的问题。由此，我们在设计和制定一个社会的制度规范、体制运作和政策措施时，从根本上应围绕动力、平衡和治理三种机制来进行。检验一个社会的成熟程度或健全程度，关键要看这三种机制的优化、协调、配合程度。

动力、平衡、治理三种根本机制既相互独立、又相互联系。所谓相互独立，是说这三种根本机制中的每一种机制，分别是人们考察自然界、人类社会和人的精神世界的一个相对独立的角度、层面，是人们观察问题的一种方式；所谓相互联系，是指在分析研究某一个具体对象时，这三种根本机制是同时存在、相互影响且彼此理解的，它们在结构上是相互协调的，在功能上是相互补充的。

作为自然科学用语，机制，原意是指有机体的构成要素、运作方式、作用机理和实际功能及其相互关系，或机器的构造和工作机理。20世纪80年代后期以来，越来越多的社会学家、经济学家把"机制"概念引入社会、经济研究之中，用来指隐藏在经济现象、社会现象背后，且发挥驱动、控制、整合等作用的诸多因素的本质、结构、功能及其相互联系，以及这些因素产生影响、发挥作用的运行逻辑和功能原理。他们还运用经济运行机制、社会运行机制等理论，来分析经济社会的发展模式。这里，我们主要从哲学上，把机制界定为规律与制度体制政策的中介，进而探寻普遍存在并发挥根本作用的规律表现形式和制度体制政策的内在机理。

（二）动力、平衡、治理是存在于任何对象中的三种根本机制

在我们所观察的任何对象中，都存在着动力、平衡和治理三种根本机制。作为诸多规律的表现形式，三大机制对自然界、人类社会和人的精神世界中的诸多现象发挥着驱动、平衡和治理的作用，是诸多规律与制度体制政策及现象之间普遍存在的中介。

首先，动力、平衡、治理是存在于自然界中的三种根本机制。

在自然界，动力机制是物质运动规律与物质运动现象的中介：物质运动规律既通过动力机制作用于物质运动现象，分析动力机制可以透过运动现象把握运动规律；动力机制也是物质运动现象的内在驱动，规定着物质运动的速度、方向和方式。在动力机制驱动过程中，平衡机制发挥着不可或缺的作用，缺乏平衡，任何物质运动都无法持久维持。物质运动过程中"能量守恒"就是平衡机制在自然界的主要存在方式。而"物竞天择，适者生存"的生物进化规律，是通过治理（这里可理解为调整机制）机制的中介作用，呈现在诸种自然现象之中，并自然发挥着在生物进化上的作用。此外，在受到刺激、干扰时，生物有机体、种群或生态系统所表现出来的适应能力或者修复能力，也是自然界自我调整机制的重要表现。三大机制既广泛存在于自在自然中，也普遍存在于人化自然中，比如人制造的自行车、汽车、火车、轮船、飞机等交通运输工具等。自行车没有动力就跑不起来，在跑的过程中失去平衡就会倒下去，自行车既要跑得快又不倒下去，就需要骑车的人具有高超的调整技能。

第七章 应基于中国道路构建当代中国的核心理论

其次，任何社会都具有动力、平衡和调整三种机制。

其一，动力、平衡和治理是人类社会赖以运行和发展的三种最根本、最普遍的机制。动力机制，释放着社会发展的能量；平衡机制，保持着社会发展各部分之间的协调；治理机制，使动力机制和平衡机制达到优化、协调和配合。没有动力机制，社会就像一台没有马达的机器，没有平衡机制，社会就像一匹脱缰狂奔的野马。社会发展的动力机制和平衡机制要达到优化、协调、配合并有效发挥作用，就需要治理机制。

其二，现代化从根本上要解决好动力机制、平衡机制和调整机制问题。现代化首先要解决"发展"及其发展的动力机制问题；当"发展起来以后"即进入现代化发展的第二阶段，民众表达诉求日趋觉醒和增强，在社会不能为满足这种诉求提供足够资源且资源配置不合理的情况下，在一些民众文明素养不是很高的情境下，就会发生利益矛盾甚至冲突。这使和谐稳定问题突出出来，因而现代化还要解决好"稳定"及其平衡机制问题；发展和稳定问题，动力机制和平衡机制问题，都要通过"改革"来解决，改革本质上就是通过治理或调整，使动力机制和平衡机制之间达到优化、协调、配合。

其三，在社会基本矛盾运动中，要注重把握好社会发展的动力机制、平衡机制和治理机制。改革本质上是一种治理机制，就是通过治理，来解决我国社会基本矛盾中的不适合部分，其目的就是既为社会发展注入动力，发挥好动力机制的作用，又促进社会和谐稳定，发挥好平衡机制的作用。社会基本矛盾适合或不适合，主要看社会基本矛盾是否使社会发展充满"动力"与"平衡",看社会发展的动力机制与平衡机制之间是否协调、配合;如果社会发展缺乏动力且不够平衡,动力因素与平衡因素也不够协调、配合,这说明社会基本矛盾具有不适合的状况,于是必须通过改革进行调整或治理。所以,社会基本矛盾运动规律是通过社会历史发展的动力机制、平衡机制和治理机制而体现出来并发挥作用的。

再次,三大机制也存在于人的精神世界中。

经过我们系统深入研究发现,人的精神结构有六个基本要素,即欲求、情感、认知、评价、伦理和超验。其中,欲求和情感发挥着动力作用,主要驱动人发挥其积极性、主动性和创造性,进而推动人不断地为满足其合理需要而奋斗;认知和评价主要对个体欲求的合法性做出合理判断,平衡个体与整体的关系,使个体在追求个人利益最大化的过程中,不能危害他人的基本权益,不能超越法律允许的范围,还要接受道德舆论的监督;伦理和超验是对个体和群体行为的调整和规范,亦即治理。①

最后,一些专家学者也从对自然、社会和人的精神世界的研究中,不同程度上揭示了动力、平衡和治理三种根本机制。

作为实证主义的创始人和社会学的开创者,孔德虽然没有明确使用社会运行机制这样的概念,但他把社会学分为社会动力学(探究社会的运动和发展的规律,研究社会的进步)和社会静力学(探

---

① 在博士学位论文《人的精神结构及其现代批判》(作者王海滨,指导教师韩庆祥)中,我们曾经依据涵摄因素、遵循逻辑和适应原理的不同,划分了内在精神世界的六维结构,并阐释了各自的遵循逻辑与适应原理,及其相互联系。

第七章　应基于中国道路构建当代中国的核心理论

究一般的社会关系、社会结构及其性质,以及它们存在的条件,简要说,就是研究社会的秩序),并且强调社会动力学与社会静力学是一个统一有机的整体。① 其中,社会静力学所研究的"秩序"必然通过社会动力学所研究的"进步"表现出来,而进步又是秩序的渐进的发展。"秩序向来是进步的基本条件,而反过来,进步则成为秩序的必然目标。"② 如果没有进步,秩序就会僵化、腐败和衰退;如果没有秩序,社会就会陷入无政府状态,不会有真正的进步。这里,"进步"与社会历史发展的动力有关,而"秩序"与社会历史发展的平衡有关。美国社会学家罗斯曾指出:"社会秩序意味着根据一些规则来调节冲突。"③ 也就是说,社会发展需要通过调整或治理以达到平衡。未来学家托夫勒认为,人类社会从古至今主要经历了三种力量的更替,即暴力、财富和知识。在当今时代,知识是创造财富的发动机,人的智力和创新能力将成为支配社会发展的主导力量。④ 这主要是从动力的角度探讨社会发展的依赖力量。如前所述,李忠杰教授明确认为,动力机制与平衡机制,是人类社会赖以运行的两种最根本、最基础、最普遍的机制。他认为,所谓动力机制,是指一个社会赖以运动、发展、变化的不同层级的推动力量,以及它们产生、传输并发生作用的机理和方式。所谓平衡机

---

① [法]孔德:《实证哲学教程》,刘放桐等编《新编现代西方哲学》,人民出版社2000年版,第11—12页。
② [法]孔德:《论实证精神》,黄建华译,商务印书馆1996年版,第40页。
③ [美]罗斯:《社会控制》,秦志勇译,华夏出版社1989年版,第2页。
④ [美]阿尔文·托夫勒:《力量转移——临近21世纪时的知识、财富和暴力》,刘炳章等译,新华出版社1991年版;[美]阿尔文·托夫勒、海蒂·托夫勒:《财富的革命》,吴文忠、刘微译,中信出版社2006年版。

制,则是指一个社会的各个组成要素和部分之间如何协调相互关系,保持平衡,以有序、稳定状态运行的机理和方式。在此基础上,他从动力与平衡相结合的角度,解析不同社会发展状态及其长短优劣的深层次原因,以及当代中国社会变革的内在逻辑和各种问题的深层原因,提出要建立和完善中国特色社会主义的动力与平衡机制。① 郑杭生教授从影响社会运动的诸多因素出发,认为社会运行机制是人类社会在有规律地运动过程中,影响这种运动的各因素的结构、功能及其相互联系,以及这些因素产生影响、发挥功能的作用过程和作用原理。他把社会运行机制按层次进行分类,将社会运行机制分为动力、整合、激励、控制、保障等五个二级机制,并具体阐释了这五个二级机制的内涵、结构和功能。② 其中的"动力""控制""整合"分别与"动力""平衡""治理"有关。严家明教授认为,社会机制是指社会系统内各组成部分之间的联动作用关系,是自然机制和人工机制作用于社会生活的结果,包括社会规律的作用机制和利用机制方面的内容。在对社会机制做出定义之后,他还揭示了社会机制和社会规律的有机联系,认为社会规律之所以对社会反复起作用,是通过"社会机制"这个中介实现的,并且他概括性地指出,"动力机制和约束机制是促进和协调社会事物发展的两种最基本的机制"。③

---

① 李忠杰:《论社会发展的动力与平衡机制》,《中国社会科学》2007年第1期。
② 郑杭生、郭星华:《试论社会运行机制》,《社会科学战线》1993年第1期;郑杭生主编:《社会学概论新修》,中国人民大学出版社1994年版,第40—45页。
③ 严家明:《社会运行机制概论》,《社会科学》1990年第8期。

三 "三机制论"是中国为解决中国问题和人类问题贡献的中国理论

我们可以把作为一种普遍存在的"三种根本机制",进一步提升概括为"三机制论"。

(一)"三机制论"是一种重要的分析框架

我们可以把这三种根本机制作为一种重要的理论框架或分析框架,用来分析经典马克思主义的核心要义、马克思心目中的资本主义和社会主义、当代西方社会的新变化、当代中国的改革发展稳定、中国特色社会主义理论体系的思想精髓和以习近平同志为核心的党中央治国理政的根本思路等一系列人们所关注的重大问题。

1. 把握经典马克思主义的核心要义

经典马克思主义理论博大精深,具有丰富的内容。然而,其核心要义究竟是什么?借助"三种机制"可把握其三个核心要义:一是动力机制上关于社会基本矛盾尤其是生产力的观点。它注重社会生产力的高度发展,认为生产力是一切社会发展的物质基础,是社会历史发展的最终决定力量。在《德意志意识形态》《哲学贫困》《共产党宣言》《〈政治经济学批判〉序言》(1859年),以及《恩格斯晚年历史唯物主义书信》等著作中，马克思、恩格斯都强调物质生产力是全部社会生活的物质前提，"生产归根到底是决定性的东西"①，生产力的发展是社会发展的最终原因。二是平衡机制上关于人的全面、平等、和谐发展的观点。在《共产党宣言》和《资本论》中，马克思、恩格斯强烈批判资本主义社会发展的不公正和不平衡现象，认为理想社会的最高价值目标是实现每个人自由而全面的发展，在这一社会，每个人的自由发展是一切人的自由发展的条件。三是治理机制上关于无产阶级革命的观点。它强调无产阶级要通过革命消灭私有制，解放无产阶级，进而解放全人类，认为这是推翻资本主义社会进而走向理想社会的根本途径。

2. 理解马克思心目中的资本主义和社会主义

经典马克思主义把资本主义社会作为主要批判对象，它既是在批判资本主义社会中构想社会主义理想社会的，也是因批判资本主义社会而出场的。这叫作"在批判旧世界中发现新世界"。马克思心目中的资本主义有三种基本图像：一是在动力机制上，马克思高度评价资本与资产阶级在推动社会生产力发展方面的历史作用。马克思、恩格斯认为，资本是"一本打开了的关于人的本质力量的书"。② 借助于资本的作用，"资产阶级在它的不到一百年的阶级统治中所创造的生产力，比过去一切时代创造的全部生产力还要多，

---

① 马克思、恩格斯：《马克思恩格斯选集》第4卷，人民出版社2012年版，第608页。
② 马克思：《1844年经济学哲学手稿》，人民出版社2000年版，第88页。

还要大"。① 二是在平衡机制上，马克思又强烈批判资本主义社会的非人道性质，认为资本主义社会是资本占有劳动并控制社会的不平等的社会；在这一社会，社会物质财富的增长以牺牲人的发展为代价，资产阶级发展以牺牲无产阶级的发展为代价。马克思强调指出，19世纪资本主义的发展模式必然导致贫富差距及工人的贫困，"死的资本迈着同样的步子，并且对现实的个人活动漠不关心"，"工人生产的财富越多，他的产品的力量和数量越大，他就越贫困"。② 这实际上是对当时资本主义社会平衡机制不健全的客观评价。三是在治理机制上，马克思认为资本主义社会无法解决自身固有的矛盾及不断发生的危机，"社会所拥有的生产力已经不能再促进资产阶级文明和资产阶级所有制关系的发展；相反，生产力已经强大到这种关系所不能适应的地步，它已经受到这种关系的阻碍；而它一着手克服这种障碍，就使整个资产阶级社会陷入混乱，就使资产阶级所有制的存在受到威胁。资产阶级的关系已经太狭窄了，再容纳不了它本身所造成的财富了"。而资产阶级面对这样的历史困境显得无能为力、无所适从："资产阶级用什么办法来克服这种危机呢？一方面不得不消灭大量生产力，另一方面夺取新的市场，更加彻底地利用旧的市场。这究竟是怎样的一种办法呢？这不过是资产阶级准备更全面更猛烈的危机的办法，不过是使防止危机的手

---

① 马克思、恩格斯：《马克思恩格斯选集》第1卷，人民出版社1995年版，第277页。
② 马克思：《1844年经济学哲学手稿》，人民出版社2000年版，第9、51页。

段越来越少的办法。"① 究竟如何解决资本主义社会的固有矛盾及不断发生的危机呢？在马克思看来，通过社会改良、道德劝说和良心发现也无法克服资本主义社会存在的根本弊端，只有通过无产阶级革命，才能用一个理想社会取代资本主义社会。正是针对资本主义社会在运行和发展机制上存在的诸多问题，马克思力求构想动力机制、平衡机制和治理机制能够相互协调、配合的理想社会的发展模式："代替那存在着阶级和阶级对立的资产阶级旧社会的，将是这样一个联合体，在那里，每个人的自由发展是一切人的自由发展的条件。"② 具体来说，在这样的社会里，社会生产能力得到前所未有的解放，社会生产力高度发展，物质财富极大丰富，社会发展充满动力和活力；同时消除了私有制、旧式分工和阶级对抗，每个人都能够互不影响地得到自由全面发展；在人们自我监督、自我管理的"自由人联合体"中，对社会产品进行有计划的调节。

3. 分析当代西方社会的新变化

2008年国际金融危机使本来对于资本主义发展前景充满信心的西方社会陷入深深的困惑：如何对待不断创新的金融体系？如何调整危机后经济社会发展模式？如何从根本上解决周期性的经济危机？从经济社会运行的内在机制来看，国际金融危机后以美国为代表的西方社会发生了新变化。这种变化，主要是围绕动力机制、平

---

① 马克思、恩格斯：《马克思恩格斯选集》第1卷，人民出版社1995年版，第278页。

② 同上书，第294页。

衡机制和治理机制进行的。

首先是动力机制上的新变化。

美国金融危机的原因之一在于其扭曲的经济增长方式,即其经济增长依赖于其过度消费,经济增长动能不足。美国 GDP 中占比最大的是消费支出,约占 GDP 的 70%,而生产部门所占比重不大。从 20 世纪 80 年代至今,消费逐渐成为推动美国经济增长的主要动力。在以消费驱动增长的经济中,政府必然会鼓励消费,扩大信贷规模。这就导致次贷市场膨胀,产生泡沫。过度消费使得储蓄不足,最终导致贸易逆差过大,经常账户赤字增加。而不断增加的经常账户赤字最终又会导致美国汇率的下降,从而使进口商品价格升高,产生通货膨胀压力。为了平稳物价,货币当局必然会提高联邦利率,进而导致金融市场泡沫破裂。由此,美国首先开始调整经济结构,寻求新的经济增长动力。第一,大规模整合金融业,颁布金融监管改革法案,改革金融监管体系,推进金融创新。金融是现代经济的血液,金融创新对增进经济活力至关重要。第二,转换经济增长模式,由消费驱动型增长转向出口驱动型增长。美国积极整合政府资源,成立出口促进内阁,放松对某些高技术产品的出口限制,制定了今后 5 年内将出口翻一番的目标。这些调整,有利于加快科技创新的速度和生产率的提升。第三,更加注重自主创新能力,"创新发展"备受重视。从历史经验来看,重大危机往往会激发新一轮的技术革命。作为应对金融危机的战略措施,美国等发达国家政府更加重视新技术研发与新产业发展。美国政府 2009 年、2011 年两度发布了《创新战略》。

实际上，美国在研发投入总量、技术储备、人才与产业基础等方面仍将占有明显优势，继续引领全球技术创新的方向。第四，反思危机前过度追求经济虚拟化的教训，重视实体经济发展。金融危机后，美国反思危机前过度追求经济虚拟化的教训，纷纷推出"再制造业化"战略，高度重视实体经济发展。为拯救实体经济，振兴制造业，美国政府制定了包括基础设施更新、人力资源提升、5年吸引1.5万亿美元外商直接投资的"选择美国"计划等一揽子措施，先后发布"先进制造业国家战略计划"，使制造业显露复苏迹象。第五，把"低碳经济"和"绿色增长"作为经济发展的主题。美国将重点放在新能源和环保产业上，努力推动其向产业化方向发展，把绿色、低碳技术及其产业化作为突破口，从而引领产业结构的再调整，使其拉动新一轮经济增长，并为长期经济增长和繁荣打下坚实基础。第六，新能源成为驱动美国产业结构调整的重要力量。页岩气和页岩油开采技术的突破与大规模应用，给美国带来了能源价格"洼地"、制造业复兴等诸多好处，也对国际能源格局构成冲击，为美国全球战略布局提供了巨大空间。

其次是平衡机制上的变化。

美国在平衡机制上的变化，主要围绕"虚拟经济与实体经济""政府监管和金融创新""储蓄与消费""贫与富""美国与中国"进行，总体上可以概括为发展失衡。主要体现在：第一，调整不平衡的虚拟经济和实体经济。在美国，虚拟经济过大，实体经济相对较小。这不仅导致经济泡沫化，而且也难以支撑虚拟经济发展。由是，美国加大发展实体经济的力度。第二，平衡政府监管与金融创新的关系，调整国际金融体系对美元的过度依赖。金融绝不能脱离政府监管，政府监管要及时跟上金融创新步伐。由此，美国既加强政府对金融的监管，又积极推进金融创新。第三，平衡储蓄与消费的关系。合理消费可拉动经济增长，但零储蓄举债消费会带来虚假繁荣，当储蓄与消费间的关系彻底失衡、负债率开始上升时，带来的则是风险。于是，美国开始限制举债消费。第四，平衡贫与富的关系。如通过终身雇佣、职工持股等手段，不断提高工人的收入与待遇；在生产资料私有制的限度内，实行社会福利政策，改善社会底层的待遇与地位，努力解决贫富悬殊和两极分化，使社会达到相对和谐。第五，重新平衡中美关系。核心就是美国用一切办法包围、遏制中国。如提出"中国威胁论"和"亚太再平衡战略"。

最后是治理机制的变化。

美国吸取1929—1933年大萧条的教训，相对减少市场调节，加强政府调整干预力度，积极用政府这只"有形的手"，连续不断地干预市场进行救市。其政策措施频率之高、政策操作范围之广、政策实施力度之强，实属罕见。此外，当代西方社会注重吸纳社会主义因素，建立工会和社会慈善组织，充分发挥社会的力量，协调劳资矛盾，使无产阶级丧失阶级意识和革命意识。

习近平同志把当今世界所面临的难题概括为三个根本方面：全球经济增长动能不足；全球发展失衡；全球治理滞后。这实际上就是从动力机制、平衡机制、治理机制三个根本方面入手或着眼来理解和把握世界发展大势的。

4. 把握党的十八大以来以习近平同志为核心的党中央治国理政的根本思路

党的十八大以来，以习近平同志为核心的党中央治国理政的根本思路特别引人关注。如何把握其治国理政的根本思路？可以从不同角度来把握，但最根本的角度，是把三种机制的优化、协调、配合作为基本线索，来把握其根本思路。在习近平同志心目中，治国理政主要解决三个根本问题：改革、发展、稳定。以习近平同志为核心的党中央治国理政所解决的总问题，就是正确把握和处理改革发展稳定的关系。改革本质上是"治理"，发展依靠"动力"，稳定关乎"平衡"。作为党中央治国理政方针的《中共中央关于全面深化改革若干重大问题的决定》，其主线与核心，就是以全面深化改革为统领，来解决发展动力、活力与社会稳定、和谐问题，解决发展动能不足、发展失衡的问题。作为改革总目标的推进国家治理体系和治理能力现代化，其本质要义之一，就是使我们党和国家成为强有力的调整主体和中心，并综合运用共治、法治、自治、德治等手段，以保证经济社会有序运行，既使发展充满动力和活力，也是社会达到平衡与和谐，并使动力与平衡之间达到优化、协调、配合。

党的十八大以来，以习近平同志为核心的党中央治国理政的切入点或突破口，首先是直面并注重破解当今我们"发展"进程中面临的一系列突出矛盾和问题，具有真正的问题意识和担当精神。习近平同志指出，要有强烈的问题意识，以重大问题为导向，抓住关键问题进一步研究思考，着力解决我国发展面临的一系列突出矛盾和问题。我们中国共产党人干革命、搞建设、抓改革，从来都是为

第七章　应基于中国道路构建当代中国的核心理论

了解决中国的现实问题。以习近平同志为核心的党中央所解决的问题不是一般性问题，而是影响当代中国命运的"命运性问题"。这些"命运性问题"主要包括"发展问题""稳定问题"与影响发展稳定的体制机制弊端。"问题倒逼改革。"解决这些"命运性问题"，必须全面深化"改革"。全面深化改革是事关"中国命运"的改革，其本质就是解决"发展"与"稳定"这种"命运性问题"。党的十八大以后，以习近平同志为核心的党中央就着手为全面深化改革做准备。这主要体现为在经济上相对强调"稳"，即稳增长、调结构、转方式，稳中求进；在政治上强调"硬"，即硬在政治，硬在信念，硬在精神，硬在能力，硬在作风，硬在纯洁，硬在凝聚，硬在治理；文化上强调"导"，即坚持和发展中国特色社会主义，在根本问题上不能出现颠覆性错误；在社会上强调"聚"，即汇聚社会正能量，凝聚改革共识，凝聚改革合力，力求为全面深化改革营造良好环境和创造有利条件。习近平同志指出："全面深化改革，关键是要进一步形成公平竞争的发展环境，进一步增强经济社会发展活力，进一步提高政府效率和效能，进一步实现社会公平正义，进一步促进社会和谐稳定，进一步提高党的领导水平和执政能力。"[1] 这六个"进一步"作为全面深化改革的关键点，本质上蕴含着经济社会发展的动力机制、平衡机制和治理机制。"进一步增强经济社会发展活力，进一步提高政府效率和效能"，实际上讲的就是发展动力即动力机制问题；"进一步实现社会公平正义，进一步促进社会和谐稳定"，实际上讲的就

---

[1]《习近平关于全面深化改革论述摘编》，中央文献出版社2014年版，第16页。

是社会平衡即平衡机制问题;"进一步形成公平竞争的发展环境","进一步提高党的领导水平和执政能力",实际上讲的就是治理即调整机制问题,因为提高党的领导水平和执政能力,其中之一就是提高党和政府的"治理"水平和能力,而形成公平竞争的发展环境是科学"治理"的一个结果。

5. 把握40多年中国改革开放的历史逻辑以及党的十八届三中全会关于全面深化改革的核心

改革开放之初,我们主要是通过改革,以解决中国社会主义建设中"发展动力不足"的问题。我们通过解放思想与政策动员、组织动员,以及运用市场机制与资本运作的驱动作用,使人们聚精会神搞建设、一心一意谋发展,让一切创造财富源泉涌流,让一切创新能力迸发,有效激发了中国经济社会发展的动力与创新活力。在我国"发展起来以后",一定程度上出现了贫富悬殊、发展失衡、矛盾增多、社会无序的问题。之后,我们把改革的重点放在解决"社会平衡、和谐和稳定问题"上。从注重解决发展动力到进一步注重解决发展平衡、和谐、稳定问题,是中国改革与中国特色社会主义建设实践的内在逻辑与基本经验。[①] 党的十八大前后,我国发展动力不足、创新活力不够的问题一定程度上还存在,也存在着一

---

① 从社会发展的动力机制与平衡机制出发,李忠杰教授对科学发展观的实质与构建社会主义和谐社会的关键作了阐释,即"科学发展观的实质是把动力推动的发展与发展过程中的平衡结合起来","构建社会主义和谐社会,关键也是要处理好动力与平衡的关系"。参见李忠杰《论社会发展的动力与平衡机制》,《中国社会科学》2007年第1期。

些不和谐的因素。在这种情况下，党的十八届三中全会强调通过全面深化改革，来解决发展动力不足与和谐因素不够的问题。由此，党的十八届三中全会在深层次上阐述了全面深化改革的核心思想：正确处理改革发展与稳定之间的关系，既是我国改革的一条基本经验，也是全面深化改革所应遵循的一个基本方法论；要把促进公平正义、增进人民福祉作为全面深化改革的出发点和落脚点；要解放思想，解放和发展社会生产力，解放和增进社会活力。这里，"发展"与动力机制有关，"稳定"与平衡机制有关，"改革"本质上是一种治理机制；不仅如此，"三个解放"实质上是解决发展的动力机制问题，促进公平正义、增进人民福祉实质上是解决发展的平衡机制问题，全面深化改革实质上是通过治理，解决好发展动力与发展平衡之间的优化、协调、配合问题，以及利益调整问题，即解决治理机制问题。这就从根本上涉及发展的动力机制、平衡机制和治理机制问题。党的十八届三中全会所讲的全面深化改革，从根本上就是解决这三种机制上存在的问题：一是"使市场在资源配置中起决定性作用"，用市场机制这只"看不见的手"来解决发展动力和创新活力问题；二是更好发挥政府的作用，用政府这只"看得见的手"以解决好社会公正和谐稳定问题；三是全面科学统筹谋划改革，通过全面深化改革，解决好发展动力与发展平衡问题。因此，从整体上把握经济社会发展的动力机制、平衡机制、治理机制及其相互协调、配合，理应成为当代中国全面深化改革的一个基本理念与核心线索。

党的十九届四中全会把推进国家治理现代化作为一个主题表

明：国家治理对解决发展动能不足、发展失衡问题是至关重要的。

6. 把握中国特色社会主义理论体系的思想精髓

中国特色社会主义理论体系同样博大精深。如果从社会发展的三大根本机制来看，其思想精髓主要体现在三个方面：一是在动力机制上，它强调中国特色社会主义的首要根本任务是解放和发展社会生产力，发展是硬道理，发展是党执政兴国的第一要务，第一要义是发展，注重创新发展，致力于解决发展不充分的问题；二是在平衡机制上，它把促进公平正义、增进人民福祉作为全面深化改革的出发点和落脚点，注重协调发展和共享发展，认为科学发展的基本要求是全面协调可持续，根本方法是统筹兼顾，并注重构建社会主义和谐社会，使发展成果更多更公平地惠及全体人民，最终达到共同富裕，即致力于解决发展不平衡的问题；三是在治理机制上，它注重全面深化改革，并通过全面深化改革，破除体制机制弊端和利益固化藩篱，调整利益关系、利益分配和利益格局，积极推进国家治理体系和治理能力现代化，既为发展注入动力和创新活力，又促进社会和谐稳定。

（二）"三机制论"与对"人"的治理

在以上分析的基础上，这里我们再进一步运用"三机制论"来总结我国改革开放40多年来的实践历程及其得到的启示。

习近平同志《在庆祝改革开放40周年大会上的讲话》中强调

指出:"建立中国共产党、成立中华人民共和国、推进改革开放和中国特色社会主义事业,是五四运动以来我国发生的三大历史性事件,是近代以来实现中华民族伟大复兴的三大里程碑。""改革开放是我们党的一次伟大觉醒,正是这个伟大觉醒孕育了我们党从理论到实践的伟大创造。改革开放是中国人民和中华民族发展史上一次伟大革命,正是这个伟大革命推动了中国特色社会主义事业的伟大飞跃!"① 这里所讲的"三个里程碑"和所谓的"四个伟大",充分表明改革开放在实现中华民族伟大复兴中所具有的里程碑地位,在党的发展史、中华民族发展史和中国特色社会主义发展史上所具有的特别重要的地位。所以,我们应以高度的理论研究自觉,来分析研究改革开放问题。

1. 改革开放与人的发展的历史逻辑

习近平同志又进一步强调指出:"创新是改革开放的生命。"这一论断鲜明揭示了创新在改革开放历程中的核心地位和作用。由此,我们更要以高度的理论研究自觉,来研究改革开放与创新的关系问题。

创新的主体是人,人是一切创新和创新活动的主体承担者。研究创新,首先要研究人。展开来说,就是我们还要以高度的理论研究自觉,来全面深入研究改革开放进程中人的问题。

一般来讲,"人"有三种基本的规定,即自在规定、关系规定、

---

① 习近平:《在庆祝改革开放40周年大会上的讲话》,人民出版社2018年版,第4页。

过程规定。所谓"人"的自在规定，是指关于人本身的规定，即人的本质在人本身。这一规定着眼于人与动物的本质区别，其本质含义就是人是一切活动的"主体"和"主体承担者"，人通过其具有主体性的自主劳动而创造历史，人是历史的剧作者。其核心概念是"主体""创造"。所谓"人"的关系规定，是指关于"人"在社会关系中所被赋予的规定性。这一规定着眼于人所在的各种社会关系，其本质含义就是人是一切社会关系的总和。在这里，"人"又是剧中人。比如在不同的社会关系中便具有不同的社会角色和身份：在夫妻关系中你是丈夫，在上下级关系中你是领导，在师生关系中你是老师，在全国政协你又是政协委员，等等。在这种关系规定中，其核心概念是"社会关系""社会角色""社会身份"。所谓过程规定，是指关于"人"在其历史发展过程中所获得的规定，其本质含义就是人在其实践发展过程和历史发展过程中，不断使其成其为人，进而不断获得其历史的规定性。其核心概念是"人的生成性""人成其为人"。由此，我们需要从三个维度来理解和把握"人"：注重解放人（人的解放）；注重约束人（对人的约束）；注重成为人（人的生成性，把人放在历史发展过程中来理解和把握）。

这样，一个具有重要的理论研究价值和实践价值的重大问题就提出来了：改革开放与人；具体展开来说，就是"改革开放与人的发展的历史逻辑"。

从历史发展的动态来讲，也就其一般性而言，当一个社会在发展动能相对不足的历史时刻，相对注重"解放人"；而当一个社会的发展相对处于失序的时候，往往注重"约束人"。当然，这只是相对而言的，不可将其绝对化。

2. 改革开放初期：相对注重解放人

在我国改革开放初期，整个的历史场景是相对注重解放人的逻辑。当然，我们在指导思想上，还是强调对人的正当约束的，比如强调要坚持"四项基本原则"等。

改革开放初期，我们强调解放思想，把解放思想、实事求是确立为党的思想路线。重新确立解放思想、实事求是的思想路线，在改革开放初期，对改革开放是具有前提性和基础性意义的。没有解放思想、实事求是思想路线的确立，是根本迈不开改革开放步伐的。把解放思想作为党的思想路线的一个重要内容而且置于前位，可见对解放思想的重视。当时把解放思想、实事求是确立为党的思想路线，其实质就是要打破"左"的教条主义、本本主义的思想禁锢，从思想观念上为人松绑，从思想上解放人。从思想上解放人，对人的解放发挥着十分重要的作用，人的解放首先是从思想解放开始的，换言之，解放人首先是从解放思想开始的。这在当年主要表现为通过全党全国"真理标准"大讨论，打破了"两个凡是"的思想禁锢，强调从客观实际出发看问题，对人的解放发挥了不可低估的积极作用。

改革开放初期，我们强调解放生产力、发展生产力，把解放生产力、发展生产力确立为社会主义本质的主要内容而且置于首位，也把解放和发展社会生产力作为改革开放、社会主义现代化建设和中国特色社会主义建设的首要根本任务。可见对解放生产力、发展生产力的高度重视。人是生产力中最活跃、最革命的首要因素。所以，都是强调解放生产力、发展生产力，具体体现为中国共产党带领广大人民群众实现党的工作重点大转移，由过去以阶级斗争为纲转向以经济建设为中心，而且把以经济建设为中心、坚持改革开放、坚持"四项基本原则"作为党的基本路线。不仅如此，当时我们还强调让一切创造财富的能力迸发，让一切创造财富的源泉涌流，聚精会神搞建设、一心一意谋发展。注重解放生产力、发展生产力，其实质就是解放人，它对解放人或人的解放，发挥着十分重要的历史推动作用。

改革开放初期，我们强调体制改革，把体制改革作为改革的核心内容。改革之所以强调改革体制，其实质就在于冲破体制对人的禁锢，从体制上为人松绑，赋予人以自主性或主体性。当初农村实行的家庭联产承包责任制，城市实行的现代企业制度，一定意义上都是改革传统陈旧的束缚生产力发展从而束缚人的发展的体制，其实质在于通过解放人来进一步解放和发展社会生产力。

改革开放初期，我们强调尊重每个人的物质利益。在《解放思想，实事求是，团结一致向前看》这篇讲话中，邓小平指出："不讲多劳多得，不重视物质利益，对少数先进分子可以，对广大群众不行，一段时间可以，长期不行。"又指出："革命是在物质利益基础上产生的，如果只讲牺牲精神，不讲物质利益，那就是唯心论。"[1] 这是对人的物质利益的恢复、坚持和捍卫。思想的背后是利

---

[1] 邓小平：《邓小平文选》第 2 卷，人民出版社 1994 年版，第 146 页。

益，思想一旦离开利益，也是要出丑的。马克思讲过，"人们奋斗所争取的一切，都同他们的利益有关"。对每个人物质利益的尊重、恢复、坚持和捍卫，对解放人具有重要的推动作用，因为物质利益是人的一切活动的原初动因，是人的生存的基本需要。

改革开放初期，我们强调经济体制改革的大方向，就是建立社会主义市场经济体制。这里主要涉及对市场经济的理解。一般传统观点认为，市场经济的本性是追求经济利益和经济利润最大化。这是对市场经济的经济学解读。若从哲学来理解和把握市场经济，那么，市场经济在本质上就是"四个 li"的有机统一：一是市场经济从本性上讲，从事经济活动的人首先追求的是其经济利益和经济利润的最大化，这是从事经济活动的人的原初动因。这是利益的"利"。二是我们进一步追问，从事经济活动的人怎样才能正当获取其经济利益和经济利润的最大化？君子爱财，取之有道。这在本质上就是在要求从事经济活动的人必须最大限度地充分发挥其能力，进而为社会做出应有的贡献。就是说，从事经济活动的人是靠其能力最大限度的发挥来获取经济利益和经济利润。这是能力的"力"。三是我们再进一步追问，从事经济活动的人怎样才能最大限度地充分发挥其能力？这就内在地要求必须有一种制度安排，且这种制度安排要体现公平正义。比如在奥林匹克运动会上，110米的跨栏比赛，每个运动员都想赢得金牌，为此，每个运动员就必须最大限度地发挥其奔跑和跨栏能力。要保证运动员能最大限度地充分发挥其奔跑和跨栏能力，就必须有一种体现公平正义的制度安排，即保证五个方面的平等：同一个场地、同一个起点、同一个时间、同一个裁判、同一种规则。这种制度安排体现出人具有理性，人是靠其理性来做出合理的制度安排的。这是理性的"理"。四是人在体现公平正义的制度安排中最大限度地发挥其能力，从而获取最大的利益，这意味着每个人是凭自己的努力奋斗、能力发挥、业绩贡献而自立的。这是自立的"立"。这"四个 li"是能激发人的创新活力的，即是有助于解放人的。其中最重要的，就是市场经济的核心是平等竞争，而平等竞争能激发人的创造潜能，进而能解放人和开发人。所以，从积极意义上来说，市场经济是一所大学校，进一步说是一所解放人、开发人的大学校。当然，我们也不否认，市场经济也具有逐利本性，对其约束、规范和管控不好，也会在一定程度上滋生功利主义、利己主义。这是需要加以警惕和避免的！

改革开放初期，我们强调科学技术是第一生产力，十分注重科学技术。这里就涉及科学技术、生产力和人的关系。科学技术大都来源于科技创新，科技创新本质上是人的创造性活动，彰显着人的创造性力量。因而，它内在地要求充分尊重和信任人即科研人员，内在要求激发人即科研人员的创造活力。这显然也是有利于解放人和开发人的。

改革开放初期，我们强调社会主义现代化建设，真正从实质上开启了社会主义现代化建设的步伐，这也是有助于解放人的。一般来讲，我们可以依据马克思所讲的人的发展"三形态"理论来理解和把握现代化的发生、历史进程及其一般本质。马克思的"三形态"理论的核心内涵是：人的存在和发展方式一般要经历由"人的依赖"经"物的依赖基础上的个人独立"，再走向"自由个性"三个历史发展阶段,这是一种自然历史过程。按照马克思的"三形态"理论,现代化就是在批判、超越"人的依赖"的历史进程中,逻辑必然地内在生长出来的,它起源于人对"人的依赖"的超越且成为独立主体的历史必然性。这里讲的"人的依赖",主要指人对血缘共同体(家族)、国家权力和人身依附关系的依赖。要言之,依据马克思的"三形态"理论,现代化发源于"社会结构转型",即由以"权力"为主导的社会结构走向以"物"和"个人独立"为主导的社会结构。这种理解,实际上抓住了现代化起源的本质,因为从历史和实践来看,现代化就是从社会结构转型开始的,现代化过程本质上就是社会结构转型的过程。从"社会结构转型"角度阐释现代性本质,这一本质就是:从人的依赖(或人身依附关系)中解放出来;使市场或资本力量相对独立出来;使个人相对独立且成为主体。本质只有一种,但本质之表现却有所不同。就是说,现代化在本质上是一元的,而现代化本质之表现形式可以是多样的。

一般来讲,现代化主要从经济、社会和政治三个维度中体现出来。在经济维度上,现代化体现为以市场力量为主导的工业化生产方式;在社会维度上,现代化体现为以个人物质利益和人格独立为基础的市民社会;在政治维度上,现代化体现在为市场经济提供平等竞争环境、注重民众社会参与和法治的国家治理方式。从以上三个维度可以揭示出一种共性,即现代化是一种注重人的"权利、能力、理性、自立(包含自由)的批判精神和启蒙精神"。现代化具有积极和消极的双重效应。就现代性作为批判和超越"人的依赖"

出场而言，它具有历史的积极作用，是一种肯定性概念；就现代化迷恋于"物的依赖"而言，它又具有历史的消极作用，因而它又是一种否定性概念。其历史积极作用集中体现在"摆脱人身依附关系"（如对官本位或对权力膜拜的批判和超越）、"生长出物质文明成果"和"培育人的独立人格"，它既促进了人的独立人格的形成，也把人对"权力"的过度追逐转向对"物质财富"的追逐，这自然会使人类创造出丰硕的物质文明成果。马克思、恩格斯在《共产党宣言》中，就对资本主义现代化的历史积极作用给以充分肯定。他们指出："大工业建立了由美洲的发现所准备好的世界市场。世界市场使商业、航海业和陆路交通得到了巨大发展。这种发展又反过来促进了工业的扩展。"又说："资产阶级在历史上曾经起过非常革命的作用。资产阶级在它已经取得了统治的地方把一切封建的、宗法的和田园诗般的关系都破坏了。它无情地斩断了把人们束缚于天然尊长的形形色色的封建羁绊。"还说："资产阶级在它的不到一百年的阶级统治中所创造的生产力，比过去一切时代创造的全部生产力还要多，还要大。自然力的征服，机器的采用，化学在工业和农业中的应用，轮船的行驶，铁路的通行，电报的使用，整个大陆的开垦，河川的通航，仿佛用法术从地下呼唤出来的大量人口……过去哪一个世纪料想到在社会劳动里蕴藏有这样的生产力呢？"[①] 然而，这种现代化也有其历史局限性。这集中体现在：人过度追逐物质财富而在一定程度上破坏了自然；人对物质财富的过度崇拜异化

[①] 马克思、恩格斯：《马克思恩格斯选集》第1卷，人民出版社1995年版，第274、277页。

为物对人的统治，使人的生存成为物化生存；在市场力量发挥主导作用的过程中，在过于追逐物质财富的过程中，造成了贫富之间的不平等；在市场力量起主导作用的地方，在追逐物质财富的过程中，产生了金钱至上，进而会诱发人的物欲、贪欲，使物欲横流、贪欲膨胀；在人们追逐物质财富的进程中，人们往往把手段当成目的，用手段遮蔽目的，即把工具理性看作高于价值理性。对此，我们自然要特别加以警惕和防范。但不管怎么说，现代化确确实实具有解放人、解放人性的一面。这在改革开放初期，是充分体现出来的，即人的自主性和主体性得到了一定张扬和彰显。

改革开放初期，我们在精神状态上特别强调大胆地试、大胆地闯，要具有闯的精神、"冒"的精神，要敢为人先。这在实质上就是说，在改革开放进程中，人在精神上要具有主动性，要由被动性走向主动性。这是在精神上对人的解放，是从精神状态上解放人。在当时的历史场景中，邓小平反复强调：改革开放胆子要大一些，看准了的，就大胆地试、大胆地闯。对的就坚持，不对的就赶快改，新问题出来加紧解决；深圳的重要经验就是敢闯，没有一点闯的精神，没有一点"冒"的精神，没有一股气呀、劲呀，就走不出一条好路，走不出一条新路，就干不出新的事业，不冒一点风险，办什么事情都有百分之百的把握，万无一失，谁敢说这样的话？一开始就自以为是，认为百分之百正确，没那么回事，我就从来没那么认为。改革开放胆子要大一些，敢于试验，不能像小脚女人一样。邓小平还突出强调人的创新精神："在党内和人民群众中，肯动脑筋、肯想问题的人愈多，对我们的事业就愈有利。干革命、搞建设，都要有一批勇于思考、勇于探索、勇于创新的闯将。没有这样一大批闯将，我们就无法摆脱贫穷落后的状况，就无法赶上更谈不到超过国际先进水平。"[①]

重新确立党的思想路线，强调大力解放生产力、发展生产力，注重体制改革，尊重每个人的物质利益，建立社会主义市场经济体制，注重科学技术，加强社会主义现代化建设，鼓励大胆地试、大胆地闯并具有闯的精神、"冒"的精神，等等，构成了中国改革开放初期的总体图景和场景。这一总体图景和场景之内核，就是解放人，推进人的解放。正因如此，广大人民群众的积极性主动性创造性被大大地激发出来了，也极大地解放了生产力、发展了生产力，促进了生产力的发展，为实现富起来的中国注入了强大的动力。

3. 改革开放进入新时代：相对注重塑造人

改革开放进入新时代：相对注重塑造人的逻辑。改革开放初期，我们在注重解放人的逻辑的历史进程中，由于对人的约束即法治和德治没有完全跟进，结果在一定程度上出现了社会发展失衡和无序的现象。改革开放之初，我们强调"放开"，"放开"在总体上是具有积极意义的，同时放开是为了搞活；放开之进一步发展，就体现为"放活"，放活，在总体上也具有积极意义，因为放活在当时主要表现为放权让利，这有利于激发人的创新活力；放活之进一步发展，由于法治和德治没有完全跟进，结果在一些

[①] 邓小平：《邓小平文选》第2卷，人民出版社1994年版，第143页。

人身上就表现为"放松",这里的"放松"主要体现为"总开关"放松了,即一些人放松了对其世界观、价值观、人生观的改造,这就为"邪恶"因素的出现打开了闸门;放松之进一步发展,也由于法治和德治没有完全跟进,结果在某些人身上就发生了变异,异化为"放任",即有权就任性、有钱就任性、有嘴就任性,出现了许多社会丑恶现象和腐败现象;放任之进一步发展,也是由于法治和德治没有完全跟进,结果在某些人那里,就变异为"放肆",导致极端的腐败行为,进而导致社会发展的失衡,使社会显得无序。把"人"放在历史进程中来理解和把握,就必然相对注重并加强对人的约束,或者说对人的约束要跟进。所以,改革开放进入新时代或新的历史方位,从总体上的宏观图景看,就是相对强调约束人。这里所讲的约束,是哲学概念,讲的是人受所规定的"东西"如法律、道德、政治纪律的制约和规范。当然,也应清醒地认识到,我们在指导思想上,还是注重解放人的逻辑的。比如强调要通过全面深化改革,进一步激发人的积极性主动性创造性,等。

改革开放进入新时代,首先是强调推进全面依法治国,注重法治对人的行为的法律约束。习近平同志指出:改革开放越深入,就越要强调法治。党的十八大以后,习近平同志强调要全面深化改革,随即又提出协调推进"四个全面"战略布局,把全面深化改革和全面依法治国纳入"四个全面",且看作鸟之"两翼"的关系。法治,蕴含着法治精神。法治精神,基本上可以概括为"公正、权利、约束、秩序"。其中的约束,就是要求人严格依法办事、有法可依，把法作为人的行为的基本规则和遵循，把人的行为纳入法的框架和轨道，受法治约束。习近平同志指出，改革开放以来，我们深刻总结中国社会主义法治建设的成功经验和深刻教训，把全面依法治国确定为党领导人民治理国家的基本方略，把依法执政确定为党治国理政的基本方式，走出了一条中国特色社会主义法治道路。习近平同志又指出，要在道德教育中突出法治内涵，注重培育人们的法律信仰、法治观念、规则意识，引导人们自觉履行法定义务、社会责任、家庭责任，营造全社会都讲法治、守法治的文化环境。要加强法治宣传教育，引导全社会树立法治意识，使人们发自内心信仰和崇敬宪法和法律。要坚持把全民普法和全民守法作为依法治国的基础性工作，使全体人民成为社会主义法治的忠实崇尚者、自觉遵守者、坚定捍卫者。要坚持把领导干部带头学法、模范守法作为全面依法治国的关键，推动领导干部学法经常化、制度化。

改革开放进入新时代，其次是强调德治，注重道德对人的行为的约束。道德，是对人的内心世界及其内在行为的约束或规范。第十八届中央政治局就"中国历史上的法治和德治"进行了第三十七次集体学习。习近平同志在主持学习时强调，法律是准绳，任何时候都必须遵循；道德是基石，任何时候都不可忽视。法安天下，德润人心。在新的历史条件下，我们要把依法治国基本方略、依法执政基本方式落实好，把法治中国建设好，必须坚持依法治国和以德治国相结合，使法治和德治在国家治理中相互补充、相互促进、相得益彰，推进国家治理体系和治理能力现代化；法律和道德都具有规范社会行为、调节社会关系、维护社会秩序的作用，在国家治理中都有其地位和功能。习近平同志又强调，要依法加强对群众反映强烈的失德行为的整治。对突出的诚信缺失问题，既要抓紧建立覆盖全社会的征信系统，又要完善守法诚信褒奖机制和违法失信惩戒机制，使人不敢失信、不能失信。对见利忘义、制假售假的违法行为，要加大执法力度，让败德违法者受到惩治、付出代价。习近平同志还指出，要发挥领导干部在以德治国中的关键作用。以德修身、以德立威、以德服众，是干部成长成才的重要因素。领导干部要努力成为全社会的道德楷模，带头践行社会主义核心价值观，讲党性、重品行、作表率，带头注重家庭、家教、家风，保持共产党人的高尚品格和廉洁操守，以实际行动带动全社会崇德向善。

改革开放进入新时代，再次是强调自治，注重自治对人的行为的自治约束。自治的核心要义，就是人具有自主性同时又具有自觉性和自律性，对自己行为的后果承担责任。具有自治的人，往往既具有自觉性，能自觉恪守法治和德治，又具有自律性，能主动约束自己的行为。

改革开放进入新时代，最后是强调政治，注重政治对人的行为的政治约束。政治对人的约束，主要体现在用政治纪律、党纪党规约束党员干部，使其行为时时刻刻在政治纪律、党纪党规的约束之下。我们强调增强"四个意识"做到"两个维护"，其实质就是用政治来约束人。

应当充分肯定，改革开放进入新时代，我们在注重调动人的积极性主动性创造性的同时，相对强调法治约束、德治约束、自治约束和政治约束，确实取得了重要且重大的积极成果，那就是：整个社会呈现出良性有序的大好局面，党风、社会风气明显好转，风清气正的环境正在形成！这充分表明：对人的合力约束，是理解和把握人尤其是改革开放进程中的人的发展逻辑的一个基本维度。改革开放初期，对人的约束相对薄弱，改革开放进入新时代，加强对人的合力约束是必然的，也是十分必要的！

今天，我们看到另外一种情景，即在一些人那里出现了"不作为""懒政""动力不足""形式主义""明哲保身、但求无过"等不良现象。这绝不是由于注重对人的合力约束或约束人而造成的（没有约束，社会就会出现无序），而是由以下五种原因导致的：一是一些人对约束人的误读。似乎认为约束人，就不需要激发人的积极性主动性创造性，就是把人管得死死的，老实听话就行，这也不能做，那样也不行，什么都不敢做，其结果就是"约束过度"，没有给激励机制和激励人留下空间，影响了人的积极性主动性创造性的发挥。二是一些人还没有真正或完全适应在有约束的环境中工作和生活。即对具有约束的环境还不适应、不习惯，一定程度上有抵触。三是担当的机制还没有真正建立起来，结果使有些敢于担当的人吃了亏。四是一些地方的问责不精准，问责不规范。致使一些人怕问责而不敢作为。五是对某些地方的一些诬告陷害行为缺乏有效的限制，对领导干部的保护和信任不够。这些原因，多是在理解和操作层面出了问题。

对这些情况，中央已充分认识到了，所以及时且积极采取应对措施。主要体现在：出台相关政策，鼓励领导干部积极作为，大胆使用忠诚干净担当的领导干部；强调约束比如问责的科学性、针对性、精准性；对陷害诬告领导干部之人，应采取有效措施加以抵制，对被陷害诬告的领导干部大胆使用；为那些敢于担当的领导干部提供宽广舞台，等等。

这就给我们提出一个十分迫切、亟须弄清的哲学问题：如何在解放人的逻辑进程中对人进行有效约束，不致走向任性，或者在注重解放人的逻辑的同时给合理约束人留下合理空间？如何在注重约束人的逻辑的同时继续解放人并加强有效激励，或者在合理约束人的同时给解放人的逻辑留下合理空间？要言之，如何在解放中有约束、在约束中有解放？用大众化的语言来表达，就是如何让广大领导干部和民众既有活力也守规矩？这需要借助辩证思维，需要哲学智慧，也需要实践经验。解决这一问题的基本思路，就是要建构"三种秩序"：一是法治秩序，培育和铸就"公正、权利、约束、秩序"的法的精神；二是德治秩序，以德治引领社会风尚；三是自治秩序，使每个人既自主自觉又承担责任，达至自律。这三种秩序的实质，就是对"人"的治理。这种治理的核心，就是要运用辩证思维正确处理解放人的逻辑和约束人的逻辑之间的关系：在解放人的时候，法治、德治、自治要跟上；在约束人的时候，对利益、能力、自主的尊重要跟上。

这是时代给我们提出的一个重大课题，对这一课题的解答关乎党和国家发展的命运，因而应加强深入研究。这一课题及其解决思路正好契合动力、平衡、治理三种根本机制：对"人"的治理契合了治理机制；治理的核心，是要运用辩证思维，正确处理解放人的逻辑和约束人的逻辑之间的关系，这就契合了动力机制和平衡机制，因为解放人的实质，就是为人"松绑"，让人具有追求发展的动力，换言之，要激发人的创新动力和活力，必须注重解放人，而约束人的实质，就是把人的行为纳入规范的框架内，使人追求并保持公正、和谐、平衡、稳定。改革开放以来，从相对注重解放人（没有忽视约束人）走向相对注重约束人（没有轻视解放人）的逻辑，恰恰蕴含着经济社会发展的动力机制、平衡机制和治理机制。这是改革开放以来我国学术界在学术理论创新上取得的最大成果。

总之，中国道路内生并蕴含着经济社会发展动力、平衡、治理三种根本机制；这三种根本机制在任何对象、任何事物、任何领域都普遍存在；不仅如此，这三种根本机制能为解释和解决中国问题和人类问题贡献中国智慧和中国方案，是一种分析中国问题和人类问题的理论框架或分析框架，具有广泛的解释意义。因此，"三机制论"是当代中国为解决中国问题和人类问题而贡献的核心"中国理论"，或者是当代中国为解决中国问题和人类问题而贡献的核心理论。

第 八 章

用中国话语表达中国理论

话语的背后是道。"中国话语"首先是用来表达"中国理论"的，或者说，"中国理论"需要"中国话语"来表达。所以，阐述了"中国理论"尤其是"强国理论"之后，接着需要进一步分析"中国话语"。

中国话语建设确实是一个重大课题，事关意识形态建设，事关中国软实力提升，事关中国话语权，值得中国学界真正重视并作深入研究。其中的关键是要抓住根本，只有抓住根本，研究才能深入，也才能彻底。什么是话语建设的根本问题呢？我以为首要是中国理论建设。

◇ 一 意识形态建设的落脚点是中国话语和中国理论建设

意识形态建设首先是中国理论建设。

中国话语建设问题，首先是从意识形态建设角度提出的。当初，在谈到意识形态建设问题时，提出了"因失语而挨骂"的问题。即马克思主义在我国某些领域、某些方面，要么失语、要么失声、要么失踪。在这些领域和方面，反而被一些西方理论、西方错误思潮与我国存在的某些错误观念占据着，某些意识形态领域的阵地也因此而失守。究其深层原因，是我们还缺乏从学理上全面、准确、具体、深入地解释中国实践、中国现实、中国经验、中国问题的中国理论和中国话语，反而，我们一些学者大多用西方理论、西方范式、西方话语来解释。诸如新自由主义、历史虚无主义、西方中心论、文明冲突论、文化软实力、普世价值、宪政民主、公民社会、新闻自由，等等。由此看来，我们只有首先积极自觉地建构起中国话语和中国话语体系，建构起从学理上全面、准确、具体、深入解释中国实践、中国现实、中国经验、中国问题的中国理论，使中国理论和中国话语深深扎根于中国大地且被人们所掌握，才能真正抵制西方话语、西方范式的侵袭，才能有效地构建起中国的意识形态。

习近平同志指出，话语的背后是道。当今西方之所以具有较强的话语权，之所以对我们实行意识形态渗透，之所以对中国学术界及理论界还具有一定的影响力，原因很多，其中一个主要原因，就是它们具有一套较为完备的理论体系。话语的背后是理论，理论的背后是意识形态。因而，中国共产党的意识形态是否具有主导力、影响力、感召力，中国话语是否具有主导力、影响力、感召力，关键在于能否真正建构起以马克思主义为指导、被广大人民群众所掌握且能解释中国实践、中国现实、中国经验、中国问题的中国理论。只有建构起这种理论，才能真正构建起以这种理论为基础、核心的中国话语和中国话语体系，也才能真正解决上述所谓的"三失"问题，才能真正占据我国意识形态的主阵地，才能真正抵御西方意识形态的渗透！理论的影响比其他影响更深层、更长远。以前，中国的经济学、政治学、法学、社会学等，深受西方理论的影响，我们有些学者"耕了西方地、荒了中国田"，其头脑成为西方理论的"跑马场"。中国理论"立"不起来，西方错误思潮就"破"不了，换言之，中国理论只有真正"立"起来，才能真正"破"解西方错误思潮。比如，我们只有真正建构起我们中国自己的科学理论，才能彻底揭露"西方"道路、制度、理论、文化的"西方性"实质，而不是他们所谓的"普世性"。所以，意识形态建设，首要或关键的，是中国理论建设。哪个国家具有能解释实践、现实、经验和问题的理论，哪个国家就会拥有意识形态上的主动权，哪个国家就会拥有更多的国际话语权。所以，习近平同志特别强调，这是一个需要理论而且一定能够产生理论的时代，这是一个需要思想而且一定能够产生思想的时代，不要辜负这个时代，因而要加快构建中国特色哲学社会科学，加快构建"学术中的中国""理论中的中国""哲学社会科学中的中国"。实际上，习近平新时代中国特色社会主义思想是达到时代发展、实践发展要求水平的"中国理论"。我们要基于这一理论，来构建中国理论和中国话语。

　　对意识形态建设首先是理论建设这一点，中国学界、理论界并没有充分认识到。一些学者大谈意识形态建设，却对中国理论建设缺乏高度自觉和实际行动；一些人大谈中国话语建设，也对中国理论建设缺乏高度自觉和实际行动。所以谈了半天，却没有抓住问题的根本、本质、核心，其结果只能是事倍功半。要言之，一些学者整天喊着震撼世界的"意识形态建设"词句，却在中国理论、中国话语建设行动上无所作为、无动于衷、无所事事，因而是实践行动上的最大保守分子。

◇◇ 二 话语权的本质是制定话语标准的权力

意识形态建设其次是中国话语建设。

中国理论要转化为中国话语。否则就会遭遇"有理说不清"的问题。中国话语建设的实质，总体来说，就是要把中国理论理解为具有真理性、道义性、人类性与符合规律性、具有创造性的理论。这实际上就是掌握话语权的问题。

具体来说，中国究竟怎样才能真正掌握话语权？这是一个仁者见仁、智者见智的问题。然而有一点是不可否认的，那就是：要具有制定话语标准的权力。

这种权力以国家综合实力为一定基础，主要是指在话语对象、话语理念、话语概念、话语体系、话语表述、话语传播等方面，具有制定话语标准的权力。

在话语对象上，要具有明确的话语言述对象，如"中国道路"，这叫作"有话可说"。话语体系和话语权，首先在于具有其明确的话语言说对象，即要说"什么"。"无话可说"，是根本谈不上什么话语体系和话语权的。黑格尔言说的是"精神的逻辑"，费尔巴哈言说的是"自然人"，马克思言说的是"社会的人"，是"资本占有劳动并控制社会的逻辑"，西方一些思想家言说的是"现代性"，习近平新时代中国特色社会主义思想言说的是"我国发展起来以后使大国成为强国的逻辑"。当今中国要具有话语权，就一定要把"中国道路""中国理论""中国制度""中国文化"言说好，要把"我国发展起来以后使大国成为强国"的故事讲好。说好、讲好之实质，就是要讲清中国道路所具有的真理性、道义性及其世界意义，讲清中国道路符合规律性、富有创造性的道理。在这方面，我们确实"有话可说"。比如中国道路，其精髓就是党的领导力量、市场配置力量、人民主体力量及其形成的合力。这条道路既体现社会主义本质，如"人民主体"，也体现中国特色，如政治上的"党的领导"、经济上的"市场配置"；这条道路既能加快中国发展，因为它可以动员和组织国家一切资源与人民力量解难题、办大事、加速度，也保持了中国自身的独立性，因为我们坚持了"党的领导"和"人民至上"的根本政治原则。所以，我们应把"中国道路"讲好。

在话语理念上，要具有一种理论体系、思想体系得以围绕其阐释、论述的核心理念。如马克思主义所讲的通过无产阶级革命消灭私有制、解放全人类和实现人的自由而全面发展，这叫作"话语核心"。核心理念、话语核心是一种话语体系和话语权的精髓和灵魂。如"西方中心论"，就是西方话语体系的核心理念、话语核心，"大国成为强国",就是习近平新时代中国特色社会主义思想的核心理念、话语核心。当今中国要具有话语权,就一定要围绕"强国时代、强国逻辑、强国理论"来建构话语体系。

在话语概念上,要具有一种理论体系、思想体系得以支撑的核心概念及其范畴体系。如马克思所讲的"资本和劳动""生产力和生产关系""经济基础和上层建筑"等,这叫作"话语细胞"。1846年马克思、恩格斯在《德意志意识形态》中所构建起的唯物史观,是围绕"现实的人""生产力和生产关系"等核心概念进行阐释的①;马克思、恩格斯在《共产党宣言》中所构建起的科学社会主义,是围绕"生产力和生产关系""经济基础和上层建筑""无产阶级革命和解放全人类""两个必然""每个人自由而全面发展"等核心概念,进行阐述的②;马克思、恩格斯在《资本论》所建构起的政治经济学,是围绕"商品""价值""劳动""资本""阶级"等核心概念进行论述的③;习近平新时代中国特色社会主义思想,是围绕"新时代""新的历史方位""中国特色社会主义""民族复兴""人民中心""发展理念""两大布局""战略安排""强军战略""命运共同体""深化改革""强大政党"等核心概念进行论证的④。当今中国要具有话

---

① 马克思、恩格斯:《马克思恩格斯选集》第1卷,人民出版社1995年版,第66—98页。
② 同上书,第252、257、284、285、286、294页。
③ 马克思、恩格斯:《马克思恩格斯选集》第2卷,人民出版社1995年版,第114—166页。
④ 《中国共产党第十九次全国代表大会文件汇编》,人民出版社2017年版,第1—24页。

语权和世界话语权，就一定要构建起我们自己的概念体系，而且要使一些核心概念在构建话语体系中发挥"细胞"的作用，还具有世界影响力。习近平新时代中国特色社会主义思想，为我们构建中国理论、中国话语提供了较为完备的概念体系，值得深入研究。

在话语体系上，要具有一个结构完整、逻辑严密的理论体系或思想体系，这种理论体系或思想体系具有真理性、道义性、人类性并符合规律性、富有创造性。这叫作"话语逻辑"。这是建构"中国理论"的核心工程。要建构一种理论和理论体系，必须具有明确的研究对象、研究方法、政治意蕴、核心理念、概念体系、理论逻辑、完整框架和理论范式。也可简要称之为"学理支撑"。马克思主义之所以能称之为一种理论体系，就在于此。习近平新时代中国特色社会主义思想所蕴含的"历史方位论""民族复兴论""人民中心论""发展理念论""两大布局论""战略安排论""强军战略论""命运共同体论""深化改革论""强大政党论"，就是一个结构完整、逻辑严密的理论体系或思想体系，应进行全面、准确、深入的研究。这是难度相对较大的核心工程，理应下苦功夫、下真功夫。

在话语表述上，要具有通识性、通约性、学理性和可传性的话语表达，这叫作"把话说好"。通识性，就是其话语在整个世界基本上能听得懂、好理解。只会说"地方语"而不会说"世界语"，是会影响"说话"或话语效果的。正如在中国，你只会讲"方言"而不会说"普通话"，一些人是听不懂的。因此，要把"地方语"

或"方言"转化为"普通话",或使"地方语""方言"穿上"普通话"的外衣。通约性,就是其话语在认知、理解和含义上具有使人与人之间的相通性,具有合理的"普世性",你讲你的、我讲我的,不考虑对方的认知,彼此沟通不了,其话语的影响力、感染力就会受到严重影响。所以,我们要学会使"特殊"向"普遍"转化的艺术。学理性,就是要用学术语言表达理念、概念、理论。就话语体系的世界化而言,可以使用一些具有政治意蕴的意识形态概念,但其主体还应是学术语言和学理表述。具有学术语言和学理支撑的意识形态,影响力会更大。把意识形态置于学术、学理之中,用学术、学理方式阐释意识形态,效果会更好。可传性,就是具有传播力,容易广泛传播。概言之,就是要善于用讲学术、讲故事、讲具有民族特点的世界语,讲清楚中国道路、中国理论、中国制度和中国文化,易被人们认知和理解。习近平同志提出的"构建人类命运共同体",就是具有通识性、通约性、学理性和可传性的话语表达的典范,应加以学习和借鉴。应该说,具有通识性、通约性、学理性和可传性的话语表达,是难度较大的一个问题,因而应作专项研究。

在话语传播上,要具有便捷、迅速、受听、有效的话语传播能力,这叫作"有效传播"。这涉及传播技术、传播艺术和传播方法,等等。信息技术是传播技术的关键。在传播艺术和传播方法上,既需要以合理的方式向西方发达国家学习,更要创新中国式的传播艺术和传播方法。

◇◇ 三 话语权的基础是国家综合实力的呈现和人民群众认同的表达

意识形态建设还是理论武装群众并掌握群众的活动和过程，是表达思想权威的活动和过程。

理论武装群众并掌握群众，首先需要使群众认识到，话语及其话语权是国家综合实力的呈现。国家的一切活动，最终都要通过语言和话语来表达，国家的一切实力，最终都要通过话语权来表达。这就意味着，话语表达及其话语的主导力、影响力、感召力，实际上体现的是一个国家的综合实力。哪个国家具有较强的综合实力，哪个国家居于世界中央并掌握主导世界的权力，哪个国家就会拥有更多的世界话语权。在当今世界，相比而言，美国等西方一些发达国家具有较强的国家综合实力，也居于世界中央并掌握主导世界的权力，因而就具有较大的世界话语权，而我们中国的综合国力得到了较大提升，正在不断走近世界舞台的中央，所以，世界话语权也就得到了较大提升。古代中国的若干朝代之所以拥有更多的世界话语权，主要是因为它居于世界舞台的中央，并掌握着当时主导世界的权力——土地与河流；近代西方之所以拥有更多的世界话语权，主要是因为它居于世界舞台的中央，并掌握着当时主导世界的权力——资本与工业；当今世界，西方一些发达国家之所以仍然拥有更多的世界话语权，也主要是因为它依然是居于世界舞台的中央，仍然掌握着当今主导世界的权力——创新能力与核心科技。这样，即使西方的一些经典、概念、理论难读，不好懂，我国的专家学者依然较为认真地去读、去学，甚至某些学者对此崇拜得"五体投地"，如对"存在即是被感知""物自体""精神现象学""无知之幕""存在与虚无"，等等。由于中国还缺乏居于世界高端的创新能力和核心科技，虽然我国的世界话语权不断提升，但在话语权上"西强我弱"的格局、局面并没有从根本上改变。

一个国家的综合国力或综合实力，主要包括硬实力和软实力。硬实力主要包括经济实力、科技实力、军事实力等，软实力主要包括道路软实力、理论软实力、制度软实力、文化软实力与国家治理能力。硬实力是无声的话语权，是话语权的基础，软实力是有声的话语权，二者统一，才能引领时代发展趋势，才会拥有更多的世界话语权。一个国家具有很强的硬实力，即使"不说话"，也会具有某种用硬实力"说话"的影响力。正像掌握国家某种权力的领导人出席重要会议，即使不讲话，也具有无声的话语权，一位具有广泛影响力的理论家、思想家出席研讨会，即使不发言，也具有无声的影响力。一个国家具有较强的软实力至关重要，它在很大程度上是对硬实力的总结、解释、表达、提升、传播。如果缺乏对硬实力的总结、解释、表达和传播，那就会陷入"有力说不出""说了没人听"的尴尬境地，其硬实力也得不到充分的展示、彰显和实现。

当今世界，西方一些发达国家仍然拥有较强的硬实力，然而其软实力却有所下降。这不仅表现在其出现了"逆全球化""民族保护主义""治理滞后"等倾向和现象,也表现在支撑西方文明的三个根本支柱发生了动摇。一是西方中心论蕴含着"世界对抗"的基因。这种理论把整个世界划分为"西方世界"和"非西方世界",认为西方世界是整个世界的中心,非西方世界必须向西方世界靠拢、看齐,否则就对其进行围堵打压,甚至发动战争。二是新自由主义蕴含着"利己主义"的基因。这种"主义"认为人人都具有追求"利益、利润"最大化的本性,这意味着在分配"蛋糕"的时候,人人都具有"利己"的本性。三是资本主导的逻辑。资本具有扩张的本性,哪里有"利益、利润",哪里能获得"利益、利润"最大化,资本就必然出现在哪里。这蕴含着"资本扩张"的基因。"世界对抗"的基因、"利己主义"的基因、"资本扩张"的基因,是导致当今世界出现全球经济增长动能不足、全球发展失衡、全球治理滞后等难题的深层根源。这意味着西方的现代化走到了它的限度,也意味着西方的软实力正在下降,西方话语及其话语权正在遭受挑战。

当今,中国的硬实力得到较大提升。中国参与全球治理的主动性以及能力在提升,中国现代化道路为发展中国家走向现代化拓展了新的途径,为那些既希望加快发展而又希望保持自身独立的国家和民族提供了全新选择,为解决人类问题贡献了中国智慧和中国方案。换言之,中华民族迎来了"强起来"、中国特色社会主义迎来了"立起来"(具有内生性、独立性、自主性、主体性)、中国式现代化道路迎来了"领起来"的伟大飞跃。由此,在当今世界上,中国的话语影响力也得到了提升。然而,由于我国还存在着不平衡不充分的发展的问题，也由于我们在对中国道路、中国理论、中国制度和中国文化的解释、阐释、论证和传播上，做得还不够精致和深入，结果在一定意义上影响了中国的世界话语权。由此，我们要在继续提高硬实力的基础上，更加注重软实力建设。

理论武装群众并掌握群众，还需要使理论得到群众的认同和接受。理论一旦掌握群众，也能变成强大的物质理论，也能呈现出思想的权威或思想的力量。

根据上述分析，我们的结论是：意识形态建设主要体现在三维建设上——中国理论建设、中国话语建设、思想权威建设。话语的背后是理论，理论的背后是意识形态；"有话可说""话语核心""话语细胞""话语逻辑""把话说好""有效传播"，是好的话语的六大基本要素，也是拥有或掌握话语权的基本遵循，更是掌握制定话语标准权力的致思方向。只有真正做好上述这些，才能真正解决好"失语挨骂""无人倾听""说了白说"等问题和难题。

◇◇ 四 中国话语建设的基本问题是"生产—表达—传播—影响—供给—自信"

迄今为止，人们对物质生产研究得相对比较透彻，基本搞清楚了物质生产的一般规律。然而，人们对理论生产及其与理论生产相关的话语建设等问题却忽视了，至今仍然没有揭示出理论生产与话语建设的内在规律，致使今天人们一谈论理论生产与话语建设问题，知之不深。这是导致诸多理论困惑的一个深层原因。对理论生产及其与理论生产相关的话语建设等问题进行分析研究，揭示出理论生产与话语建设的一般规律，这是本章所要达到的目标。

理论生产与话语建设问题，主要包括理论生产、理论表达、理论传播、理论影响、理论自信。就当今中国理论生产与话语建设而言，需要厘清以下基本问题。

（一）理论生产：解决"干了说不出"问题

1978年以来我国的改革开放和社会主义现代化实践，确确实实取得了巨大成就。这些成就让世界震惊，让中国人民扬眉吐气。这实际上也成为世界性历史"事件"。这种成就和"事件"是"干"出来的，也是众所周知的。对这种"干"即实践及其经验，应当从理论上进行阐释、说明和总结。这是一个需要理论而且一定能够产生理论的时代，不要辜负了这个时代。然而，由于我们一些学者较为注重文本研究和学术研究，不大重视现实研究，结果是，当今我国的学术界、理论界却对这种实践及其经验没有完全、真正给出理论上的阐释、说明与回应，没有真正建构起解释并阐释中国实践及其经验的中国理论，对中国实践及其经验的"理论生产"不够到位，因而没有真正处理好理论和实践的关系。所以，当务之急，是要正确处理理论和实践的关系，解决理论生产的问题，即解决"干了没有说"的问题。

（二）理论表达：解决"说了没讲清"问题

虽然当今我国的学术界、理论界对改革开放和社会主义现代化建设实践及其经验没有完全、真正给出理论上的阐释、说明与回应，没有真正建构起解释并阐释中国实践及其经验的中国理论，但随着改革开放和社会主义现代化实践的发展，我国学术界、理论界无论在理论建构上，还是在学理上做了一些工作的，不同学科也试图推进学术创新和理论创新。然而，由于一些学者仅仅满足于在"书房"里搞学问，仅满足于"书本公式"，对改革开放和社会主义现代化建设实践的内在逻辑缺乏关注、思考和研究，对当代中国发展的现实逻辑与中国问题不够了解，或了解得不够深入，同时对自己构建的所谓的理论也缺乏行之有效的话语表达，不大注重深入研究中国话语建构问题，结果是，尽管人们力求从学术上、理论上对这种实践逻辑"说"清楚，但依然是"说了没说清"，即没有完全说清楚。这实际上就是没有处理好理论和话语的关系，对自己建构的所谓理论缺乏话语建构。由此，当务之急，就是要正确处理话语和理论的关系，积极构建表达中国理论的中国话语体系，用中国话语表达好中国理论，解决好理论表达问题，即解决"说了没说清"的问题。

（三）理论传播：解决"清了传不出"问题

应当承认，尽管确实存在着"说了没说清"的问题，但也应当承认,我们有些学者还是基于当代中国实践及其经验,积极自觉地去构建中国理论,而且也能自觉意识到必须用中国话语来表达中国理论,也积极自觉地去用中国话语来清晰表达中国理论,甚至在某些方面也确实"说清了"。比如,一些学者积极自觉地用中国理论深入阐释中国道路,用中国话语清晰表达中国理论。但是,因为我们一些学者或者不大重视理论传播,或者不大懂得理论传播,或者没有能力去进行理论传播,结果是没有真正解决好话语和传播的关系,在理论传播或理论流通方面做得不够到位,所以就出现了"清了传不出"的问题,即从话语表达上把中国理论和中国实践说清楚了,但是在向大众传播方面,在向世界传播方面,还没有真正地传播出去。因此,当务之急,就是要正确处理好话语和传播的关系,积极解决理论传播、话语传播问题,亦即理论流通问题。通俗来说,真正解决好"清了传不出"的问题。

(四)理论影响:解决"传了没人听"问题

应当肯定,这些年来,我们开始注重"干了要说""说了要讲清""讲清了要传出",即理论生产、理论表达、理论传播问题。但是,由于依然还存在着"干了说不出"(理论对实践没有说好)、"说了没讲清"(没有从话语上把理论简明扼要地表达清楚)、"清了传不出"(没有解决好理论和话语的传播问题),也由于一些人对理论失去兴趣和自信,认为书本上的理论解决不了实际问题,也由于我们的传播理念、传播技术、传播艺术、传播能力还上不去，结果是，你讲你的，我说我的，即使传播出去了，最终还是没有听进去。近年来，我们在理论建设、理论表达、理论教育、理论传播上做了大量工作，但一些人就是没有听进去，效果甚微，其教训是值得总结的。因此，当务之急，就是要正确处理传播和听众的关系，尽快提升我们的传播理念、传播技术、传播艺术、传播能力和传播效果，解决好理论影响（亦即理论交换）问题，即解决"传了没人听"的问题。

（五）理论供给：解决"听了听不懂"问题

作为灌输和传播中国理论、中国话语的"听众"是很多的，他们时常在听一些人讲解，时常进行集中学习和培训，这些"听众"也经常观看时政、政论和理论节目。但我们发现，一些"听众"是在听，却没有真正听懂。原因有很多，其中主要是没有讲好，即讲得抽象晦涩难懂，讲得烦琐复杂空大，讲得不切实际不解决问题，讲得缺乏针对性，听众听不进去。一句话，没有真正解决好理论上、话语上的需求和供给的关系，在理论供给上出了问题，致使你的理论没有真正的"消费者"，没有满足理论消费者的需要。这样，当务之急，就是要针对"听众"需求，正确处理好需求和供给之间的关系，进而解决好理论供给亦即理论消费问题，解决"听了听不懂"的问题。

（六）理论自信：解决"懂了没人信"问题

一些人听了中国理论、中国话语，对中国实践、中国理论、中国话语也较为了解。就是说，在一定意义上他们确实"懂了"，尤其是一些专家学者"懂了较多"。然而，由于一些人在立场、观点和方法上存在一些问题，一些人对西方的理论、话语崇拜得五体投地，存在着对西方理论、西方话语的"学术依赖"，其头脑几乎成为西方理论、西方话语的"跑马场"，一些人对中国实践、中国理论、中国话语不感兴趣、不屑一顾，"耕了西方地、荒了中国田"，结果是：虽然了解并懂得中国实践、中国理论、中国话语，但缺乏学术自我、学术主体和学术自信，缺乏实践自信、理论自信和话语自信。这实际上就是没有真正处理好认知和信仰的关系，或知识和自信的关系。所以，当务之急，就是要真正处理好认知和信仰的关系，或知识和自信的关系，进而解决好理论自信或理论信仰问题，即解决好"懂了没人信"的问题。

第九章

中国道路蕴含中华新文明

这里说的"中华新文明",是指"正在生成的"中华新文明。

20世纪著名历史学家汤因比曾指出,如果中国能够在社会和经济的战略选择方面开辟出一条新路,那么就会证明自己有能力给全世界提供中国与世界都需要的礼物。当今"如果"已经成真,中国果真蹚出了一条新路。其提供给中国与世界的"礼物",就是中国特色社会主义道路,即"中国道路"。中国道路及其在此基础上产生的中国理论蕴含着正在生成的中华新文明。

◇ 一 西方文明难以破解当今世界困局

在人类文明发展长河中,就文明对世界的影响力而言,从欧洲发轫的西方文明尤为耀眼。从启蒙时代到现代的300多年,世界在西方文明主导下,社会生产力发展远远超过了以往人类历史发展的总和。然而,自进入21世纪,西方文明开始备受挑战,2008年国际金融危机爆发,更是把世界推入乱象丛生的境地。

当今世界，人类面临诸如经济长期低迷、贫富差距加大、经济危机和金融危机加深、军备竞赛和核竞赛升级、战争危险加剧、恐怖事件频发、资源枯竭、环境恶化等困扰人类生存与发展的一系列全球性难题。习近平同志指出，当今世界经济存在的三大突出矛盾都未得到有效解决：一是全球增长动能不足，难以支撑世界经济持续稳定增长；二是全球经济治理滞后，难以适应世界经济新变化；三是全球发展失衡，难以满足人们对美好生活的期待。这意味着影响世界发展的动力、平衡、治理三大根本机制出了问题。其深层根源，是西方文明的逻辑出了问题。

西方中心论是西方文明的逻辑起点，这是导致世界困局的理论根源。西方中心论奉行"一元论""主客二分"的哲学思维，即西方世界是"主"、非西方世界是"客"，西方世界是"我族"、非西方世界是"异类"，西方世界是"先生"、非西方世界是"学生"。它标榜西方价值的普世性和西方道路的唯一性，认为西方文明是人类真正的文明，西方标准就是世界标准，非西方世界应向西方世界看齐。在这种逻辑下，"客随主便""我族歧视异类""先生教训学生"自然是西方认为情理之中的事。西方列强主宰和分割世界的威斯特伐利亚体系，就是这种逻辑的产物。按照这种逻辑，某些国家强推"普世价值"、借助武力输出"颜色革命"、出兵干涉主权国家内政这些闹剧，都是所谓名正言顺的"正义之举"。而事实上，西方文明蕴含着"对立""对抗"的基因，世界因此被切割成相互冲突的对立体。因此，国际秩序很难持续下去。

自由主义是西方文明的精神支柱，这是导致世界困局的人性根源。自由主义主张个人利益和自由最大化，鼓吹私有制，倡导"市场万能"和"民主神话"，纵容物欲横流的消费主义，注重弱肉强食的丛林法则。世界著名物理学家霍金指出：整个世界尤其是西方世界长期处于机械唯物主义观念掌控之中，它只相信世界是物质的，只看得见有形的物质，只追求物质和物质享受。在西方文明牵引下，人类几乎走上了一条追求物质享受的不归路。值得警醒的是，西方鼓吹的"民主神话"在世界各地正在破灭，"市场万能"的梦想屡次被"市场失灵"的现实所击破，流行多时的新自由主义正在夕阳西下，它有添乱之嫌而无治乱之力。国际金融危机的后遗症、局部战乱的升级、世界贫困人口的急剧增加，都标志着西方文明已深陷危机。

资本扩张是西方文明的行动旨趣，这是导致世界困局的制度根源。进入近代以来，资本就像脱缰的野马横行于世，推动资本主义从商业资本主义到垄断资本主义再到金融垄断资本主义的升级，直接或间接影响着世界的每一个角落，推动着人类社会的发展，同时也把世界带入险境。因为资本逐利、扩张和增值的本性，使资本主义形成了以牺牲资源、环境、生态、人的发展以及发展中国家利益为代价的生产方式，形成了以金融霸权、文化霸权和军事霸权控制世界的统治方式，加剧了地区发展的不公平性、非均衡性和不可持续性，引发了资本主义制度体系下的结构性、累积性、依附性发展问题。特别是资本主义制度自身难以克服的矛盾，直接导致了以转移经济危机为目的的两次世界大战的爆发，冷战之后又相继爆发海湾战争、波黑内战、科索沃冲突、阿富汗战争、伊拉克战争、叙利亚战争。这些战争给人类社会带来了沉重灾难。

此外，破解"全球经济增长动能不足、全球发展失衡、全球治理滞后"三大难题，需要具有创新动力、平衡和谐和治理基因的文明。然而，西方文明不仅破坏着平衡，而且它有悖于治理理念。因为治理的哲学基础是多元主体之间的平等协商，而西方文明主张是一元主导的哲学理念。

如此来看，作为世界困局之始作俑者，西方文明难解当今世界困局，西方中心论、历史终结论终要破产，人类呼唤新理论和新文明。

◇◇ 二 中国为破解世界难题贡献"中国道路"

习近平同志指出，这是一个需要理论而且一定能够产生理论的时代，这是一个需要思想而且一定能够产生思想的时代。我们不能辜负了这个时代。针对当前我国学术界缺乏学术自信、理论自信且在理论创新上存在的某种"肌无力"现象，习近平同志明确提出要构建"理论中的中国"。

在与西方交流交融交锋过程中，"西方中心论"话语体系对我国学术界产生了较大影响，致使一些人在学术研究过程中出现了对西方学术的依赖，"耕了西方地、荒了中国田"，即对当代中国发展的现实逻辑与中国问题缺乏全面深入系统的研究，没有真正形成我们自己的概念范畴体系和表述体系，没有真正形成我们自己的学术体系和话语体系，没有真正构建起中国自己的具有原创性、标识性的核心理论。我们有让世界知道的"舌尖上的中国",却没有构建起让世界知道的"理论中的中国"。

习近平同志指出,落后就要挨打,贫穷就要挨饿,失语就要挨骂。要真正解决挨骂问题,就必须加快构建中国特色哲学社会科学话语体系,构建"理论中的中国",以有效提高主流意识形态话语权和国际话语权。要构建"理论中的中国",最基本同时也是最核心的,就是要构建能为世界做出贡献的中国理论。习近平同志提出的"道路问题,是关系党的事业兴衰成败第一位的问题,道路是党的生命,道路决定命运",蕴含着当代中国能为世界贡献"中国道路论"。中国道路论,就是在中国发展起来但还不发达、不强大的历史方位中提出的一种具有原创性和标识性且能为世界做出贡献的中国理论,也是为解决人类问题贡献的中国智慧和中国方案。

中国道路蕴含着动力、平衡、治理三大根本机制。这三大根本机制正有助于破解当今所遭遇的三大难题。公平正义供给不足会导致社会创新乏力、利益分化并影响社会和谐稳定;治理现代化滞后会造成诸多难题得不到有效解决从而影响民族复兴;霸权主义横行会导致整个世界创新动力更加不足、贫富差距更加悬殊、全球治理更加滞后。不解决这些问题,不仅阻碍着实现社会主义现代化和中华民族伟大复兴的历史进程,而且会使整个世界陷入困境。

首先,中国道路所蕴含的动力机制有助于破解全球动能不足的难题。中国道路所蕴含的动力机制之哲学基础,是强调世界既具有多样性又具有统一性。人类社会、世界各国在历史、传统、文化、国情、制度等方面都具有差异性和多样性。同时,世界各国之间也具有统一性，即具有共同性，都要遵循社会历史发展规律，还对美好愿景具有共同追求。统一，是在承认和尊重世界多样性前提下的统一；多样，是统一性中的多样。强调统一不要忽视多样，强调多样也不要忽视统一。世界是多样性的统一，也是统一性的多样。这样来认识和把握世界，既有利于使世界充满活力，又有助于使世界达至平衡、和谐。如果只强调统一而不注重多样，就易走向霸权主义，只强调多样而不注重统一，就会导致世界的对立和分裂。中国道路既尊重世界差异性，又注重世界统一性。这就克服了西方中心论、历史终结论只强调"一"而排斥"多"的方法论弊端。其次，中国道路所蕴含的平衡机制有助于破解全球发展失衡的难题。体现公平正义理念的平衡机制强调并注重平等包容，它超越了西方"主体"统治"客体"的哲学思维。同时，中国道路富含重民本、崇正义、尚和合、求大同等优质基因。这些基因、优势不仅有助于破解发展失衡之难题，而且也可以成为实现民族复兴、促进世界和平的战略资源，甚至可以成为当今全球治理的独特资源，以救西方文明之弊。中国道路所蕴含的"实现全体人民共同富裕"和"促进人的全面发展"，重在强调平等包容、人人平等，而不是"主体"统治"客体"；主张和而不同，而不是居高临下强加于人，甚至不惜诉诸武力；主张各国不分大小、强弱、贫富，都是国际社会平等的成员，提倡以和平合作、包容普惠的发展模式代替你输我赢、赢者通吃的发展模式。这些都可以纠正以"一元论"、"主体"统治"客体"为哲学基础的霸权主义。中国道路强调个人对他人、社群、自然的责任和义务，而不是个人高于一切；既尊重个人权利、自由、平等和全面发展，又注重社会和谐，还强调国家富强。这些既可以应对自我中心主义泛滥，也有利于克服资本主义私有制的先天缺陷，并且更好地服务于人类。最后，中国道路所蕴含的治理机制，有助于破解全球治理滞后的难题。中国道路的内容具有严密完整的逻辑。第一，坚持互利共享，超越零和博弈，建设利益合作共同体。中国道路注重协调发展、开放发展、共享发展、合作共赢，蕴含着维护全人类共同利益的基因。国家之间交往首先要看的是国家利益，只有具有共同利益才会展开合作。由于各国之间具有共同利益，所以要实现利益上的共享共惠。经济全球化已经把世界紧紧地联系在一起，大家都在一条船上，你中有我、我中有你，一荣俱荣、一损俱损，没有哪个国家和民族可以独善其身。党的十八大以来，中国积极参与全球治理，着力改变近现代以来世界秩序中的"社会达尔文主义"法则，变革现行国际秩序的不公正不合理部分，高度重视联合国的作用，提高国际法在全球治理中的地位和作用，为维护全人类共同利益贡献了中国智慧。总之，中国道路，实质上是在寻求一种不同于西方中心论的世界发展的再生之路，是在为解决人类共同面临的"发展赤字、和平赤字、治理赤字"等三大难题提供"中国方案"、贡献"中国智慧"，进而重建新的世界格局。

◇◇ 三　中国道路蕴含正在生成的中华新文明

在世界文明谱系中，能与西方文明相提并论的，无疑是以中国为代表的东方文明，一般称为中华文明。中华文明是一种典型的农业文明和内陆文明，起源于夏商周三代之前，成型于秦汉，兴盛于隋唐，宋明时达到顶峰，其博大精深的文明成果为人类发展做出了卓越贡献。对于西方国家来说，无论是地理大发现、文艺复兴，还是走出中世纪进入现代社会，中华文明都起到了至关重要的作用。

由于清朝后期统治者的封闭僵化，中华文明在西方工业文明和海洋文明的冲击下迅疾走向衰落。在近代历史上，中国盛极而衰，中华文明也因此背负骂名，曾经成为中国的沉重"包袱"。全盘西化论因此泛滥，至今仍有一定市场。党的十八大以来，以习近平同志为核心的党中央在国内提出实现中华民族伟大复兴的中国梦，在国际上提出构建人类命运共同体，中华文明正发生着凤凰涅槃式的变化。

中国道路和中国道路论实质上就是当代中国为人类和世界做出重大贡献的一种正在生成的中华新文明。无论是古代历史上的"华夏中心论"，还是近代以来的"西方中心论"，都不符合时代发展趋势，都无益于人类永续发展和世界持续繁荣。中国道路、中国道路论的世界意义，在于它辩证扬弃中华传统文明，超越西方文明，为人类和世界发展贡献一种正在生成的中华新文明，且回答了"中国能为世界贡献什么"这一当年的梁漱溟先生和毛泽东同志之问。第一，中国道路的哲学精髓，是党的领导力量、市场配置力量和人民主体力量的协调、优化并形成合力，这种道路既能加快中国发展又能保持自身独立。这三种力量及其合力是决定当代中国健康顺利发展的根本力量。人民主体力量体现中国道路的社会主义本质，党的领导力量、市场配置力量分别从政治上和经济上体现中国道路的独特性。当今世界格局，美国呈现的主要是以资本逻辑为主导的文明，欧洲的一些国家呈现的主要是以社群或公民社会逻辑为主导的文明。中国道路及其哲学精髓蕴含的是一种新型的中华文明：中国共产党是具有世界眼光、战略思维与使命担当的执政党，它以普惠中国人民和世界人民（即为世界谋大同）为时代使命；市场配置力量是经济全球化的推进力量，是历史成为世界历史的推进力量，它把地域历史变成世界历史，使整个世界融为一体，形成你中有我、我中有你的世界格局，这为世界谋大同提供了基础；人民主体力量中的"人民"，既包括中国人民，也包括世界人民，它既依靠人民共创发展成果，又为了人民共享发展成果。习近平同志在党的十九大报告中强调："中国特色社会主义道路、理论、制度、文化不断发展，拓展了发展中国家走向现代化的途径，给世界那些既希望加快发展又希望保持自身独立性的国家和民族提供了全新选择，为解决人类问题贡献了中国智慧和中国方案。"[①] 第二，中国道路所蕴含的动力、平衡、治理根本机制，强调并注重创新动力、平衡发展、治理现代等新文明理念。这种理念既以中华优秀传统文化、中国人民的革命文化、社会主义先进文化为母体，实现了对传统中华文明的创造性转化和创新性发展，又合理吸纳西方文明等一切外来文明

[①] 习近平：《决胜全面建成小康社会 夺取新时代中国特色社会主义伟大胜利——在中国共产党第十九次全国代表大会上的报告》，人民出版社2017年版，第10页。

中的有益成分，也有助于破解当今世界三大根本难题，因而反映了人类发展的新趋势。

◇◇ 四 正在生成的中华新文明是
世界历史意义上的文明

中国道路正在为世界贡献一种中华新文明，这是中国道路对世界的文明性贡献。

不同文明没有冲突，只有长短。在"地域历史"时代，所形成的文明本质上都是"地域文明"或"民族文明"，并不具有真正意义上的世界文明或人类文明。尽管某些国家号称西方文明是普世文明，但若具有历史判断力、实践辨别力和理论研判力（或思维能力），就容易揭示和发现：所谓西方文明本质上就是"地域文明"。因为号称地域文明为普世文明混淆了一般和个别的辩证关系，没有认识到"任何一般都是个别的一部分，任何个别都不能完全地包括在一般之中"，[①] 它犯了前提性的错误，而且历史和实践也证明，用西方的"鞋"套别人的"脚"，往往都以失败而告终。正像马克思、恩格斯在《德意志意识形态》中所说的：统治阶级"为了达到自己的目的不得不把自己的利益说成是社会全体成员的共同利益（即把特殊利益说成是普遍利益——笔者注），这在观念上的表达就是：

[①] 列宁：《列宁选集》第2卷，人民出版社1995年版，第558页。

赋予自己的思想以普遍的形式,把它们描绘成唯一合乎理性的、有普遍意义的思想"。①当资本扩张的逻辑导致世界市场和世界交往不断扩大的时候,就逐渐会使"地域历史"走向"世界历史"。世界历史的出现,逻辑上也必然使"地域性文明"走向"世界文明"或"人类文明"。当今世界,一些国家仍然固守于本国、本地区的"地域性文明"而排斥其他文明,制造"文明冲突论"。而当今中国却积极自觉主动地反映世界历史发展趋势,在传承中华传统文明相对注重和谐、和合、和而不同、世界大同的基础上,与时俱进地体现时代精神和人类意识,克服自身文明中的不足,与其他文明互学互鉴,逐渐创造出以"和平发展、合作共赢、共创共建、各美其美、美美与共、世界大同"为核心理念的中华新文明。从上述我们所揭示的中国道路的核心要义来看,中国道路既注重经济社会发展的创新动力,又注重经济社会发展的和谐或平衡,还注重为实现未来理想的战略目标注入现实的奋斗精神;不仅如此,中国道路强调各国发展道路的内生性、独立性、自主性、主体性和多样性,这蕴含着"世界多样""国家平等""文明互鉴""包容发展""互利普惠""美美与共""世界大同"的人类文明基因和天下情怀。这种基因和情怀蕴含着中华新文明的元素,经过不断培育和生长,可以形成中华新文明。

当然,我们应清醒地认识到,中国道路所蕴含的中华新文明正在生成,还未定型,它只是开启了中华新文明形成的步伐,还需要随着历史和实践的发展不断加以培育。

---

① 马克思、恩格斯:《马克思恩格斯文集》第1卷,人民出版社2009年版,第552—553页。

结　语

我是如何走向研究中国道路及其本源意义之路的

——从"生成论哲学"到"人学""能力本位""社会层级结构"再到"中国道路"

宝剑锋从磨砺出，梅花香自苦寒来。依据历史与逻辑的统一，我的学术研究历程与理论逻辑大致可以分为具有内在逻辑联系的七个部分，其主线就是"把哲学命运和中国命运连在一起"。

◇◇ 一　厚集理论基石：马克思的生成论哲学

1983—1996 年，是我的深根固蒂的理论奠基期。这一时期，我持之以恒地秉持"用哲学思考问题，用学术支撑思想"的研究风格与治学理念，在从哲学到人学的学术历程中取得了重要的学术成果。

1983—1986 年在吉林大学攻读硕士学位和 1986—1989 年在北京大学攻读博士学位期间，我的研究重点是对马克思哲学的解读。当时博览群书，尤其对马克思的经典文本，更是反复地研读。当时我最关心的问题之一，就是马克思开辟的哲学道路与马克思主义哲学的本质特征、基本价值、历史形态。通过研究，我得出结论：马克思的哲学在本质上是一种"实践生成论"。归纳目前我国哲学界对马克思哲学的解读路径，大致可以分为四种：一是"实践论"解读，即认为马克思的哲学强调的是实践唯物主义；二是"解放论"解读，认为马克思哲学的主题是关于人的解放和全面发展；三是"生存论"解读，认为马克思哲学主要关注现实的人的生存景况与发展命运；四是"生成论"解读。我认为，马克思的哲学主要是一种实践生成论，马克思哲学所实现的革命性变革，主要体现在面向现实人的生活世界，关注现实人的生存境遇与发展命运，并且以哲学的方式批判旧世界，以实践的方式改变旧世界和建立新世界，以实现无产阶级解放、人的能力的充分发挥和每个人自由而全面的发展。显然，这在实质上是强调人是在自己的实践活动、历史活动、超越活动和自我创造过程中，确证其本质而且生成自己、解放自己和实现自己的，这在本质上强调的是一种超越、建构与生成活动。所以，我认为马克思哲学所表达的一种核心精神就是实践生成论。这是我对马克思哲学的一种解读，应该是解读马克思哲学的第四种路径。

我对马克思哲学的实践生成论解读的基本观点是：在马克思那里，这种生成主要有以下四种方式：一是实践的生成，即强调人通过实践活动——自然界的人化和人的对象化——来生成自己、确立自己、发展自己和完善自己，他所主张的实践的唯物主义，强调的就是实践的生成；二是历史的生成，即强调人是在创造自己的社会物质生活条件的历史过程中实现自己、成为自己的,他所创立的历史唯物主义,强调的就是历史的生成;三是矛盾——超越的生成,即强调事物(包括人)都是在不断超越自身的内在矛盾的过程中生成自己的,马克思的辩证法,注重的就是矛盾——超越的生成;四是人的自我创造的生成,即强调人是靠自身的创造能力来成就自己、成为自己和确立自己的。马克思的人学,注重的就是人的自我创造能力的生成。在马克思看来,人的自我产生是一个过程,一部人类社会发展史就是个人本质力量发展的历史,人在这一历史过程中生成自己、成为自己,也通过自己能力的发挥来确立其地位。由此看来,实践论、生存论和解放论,本质上讲就是实践生成论。

◇◇ 二　夯实学术根基:人学研究

把马克思哲学解读为实践生成论,就自然而然地关心人的问题。马克思哲学本质上是一种实践生成论哲学,其主体是人,目的也是人,人是在实践中生成自己与实现自己的。这从根本上涉及对人的理解,也自然而然地把人的问题突出出来了,这是我走向人学研究的理论逻辑;中国实践的发展与时代发展,是促使我走向人学研究的现实逻辑。此外,促使我走向研究人学道路的还有一个重要因素,就是我国哲学界的老前辈把我引上了人学研究之路。我在吉林大学攻读硕士学位期间,高清海教授和邹化政教授就开始讲人学了,邹化政教授讲的《资本论》中的人学,对我后来的人学研究有很大启发。后来我到北京大学师从黄楠森教授并攻读博士学位,进一步坚定了从事人学研究的决心。正是在这些因素的影响下,我通过自己的学习与研究,对哲学、人学和生活世界产生了新的理解。1983年在吉林大学攻读硕士学位期间,我就读了不少马克思主义经典作家关于人的问题的论著,也读了不少西方学者关于人的问题的研究著作,对人学研究形成了初步认识;1986年我到北京大学攻读博士学位以后,真正开始了系统研究人学的道路;1989年到莫斯科大学进修,我搜集并阅读了大量苏联学者(如布耶娃、弗洛罗夫、莫罗夫等)研究人的问题和人学的著作。从1986年到1996年,我花了10年时间进行人学理论建构,包括研究哲学与人学的关系、人学的对象、人学的定位、人学的性质、人学的基本范畴、人学的研究方法论、人学的基本理论、人学的使命等。

我的人学探索历程取得了一些成果。黄楠森教授与我合写的学术论文《关于人学建构的若干问题》,发表于1989年《社会科学战线》上,这是中国哲学界较早系统研究人学理论建设的学术文章之一;1991年我的博士学位论文《马克思主义人学思想发微》由中国社会科学出版社出版,这是中国哲学界较早系统研究马克思主义人学的著作;1996年我又出版了《马克思人学思想研究》,这是中国哲学界较早从人学角度研究马克思思想包括马克思哲学思想的学术专著之一。应当说,黄楠森、高清海、王锐生、夏甄陶、袁贵仁、陈志尚等学者开辟了我国人学研究的道路。① 其中对于哲学与人学

---

① 刘景钊:《从人学研究走向当代中国政治哲学理论建构——韩庆祥教授访谈录》,《晋阳学刊》2007年第3期。

的关系这样一个前提性和基础性的问题，高清海先生的观点是，哲学就是人学；黄楠森先生的观点是，人学是哲学的一个分支；我的观点则是，哲学在当代的主题形态主要是人学。

我的人学研究的基本观点和主要思想包括"哲学形态论""人学建构论""人的存在论""人的全面发展论"和"人格转型论"。

三　产生社会影响：能力本位论

1992—2009 年，我锲而不舍地秉持"用思想传递时代，用理念引导发展"的研究风格与治学理念，并基于马克思哲学的本性，积极探寻当代中国马克思主义哲学发展之路，并以哲学方式关注现实、面向"中国问题"，提出了具有原创性的"能力本位论"，在学术界与社会上产生了较大影响。其代表作是《能力本位》。

我的研究方向从人学走向"能力本位论与当代中国发展"，主要是基于这样两个逻辑：一是我把自己的人学研究定位于人怎样成其为"是"和人怎样成其为"人"的一门学问。使人成其为人需要很多基础和条件，但我认为有两个最基本的条件，也就是人的两大基本素质，一个是道德素质，一个是能力素质。道德是做人，能力是做事。对于道德和道德文章，应该说中国的思想家和学者研究得比较全面深入，我认为中国传统文化对整个世界文化最大的贡献就在这里。然而，关于能力的文章，我认为我们做得并不成功。二是使中国真正成为中国。中国是一个客观存在，但能不能成为真正的中国，应该说还有很多工作需要我们来做。我觉得要使中国成为真正的中国，一要真正实现"和"的理念，这叫作和平发展、和平中国、和合中国。这个问题，中国人民大学张立文教授研究得很深；除了"和"的理念外，还有一个实力和能力，这就是自主创新能力，这叫作能力中国、实力中国。我对能力问题的研究，基本上是围绕使人成其为人和使中国真正成为强国这两大核心命题展开的。

1992年我在《光明日报》发了一篇文章，题目是《市场经济的文化实质——能力本位》。文章发表后《北京大学学报》的一位主编看到了，认为这个观点很新颖，有冲击力，希望我把它进一步理论化、系统化。所以在《北京大学学报》1996年第5期，我用18000字左右的篇幅，对能力本位论进行了深入系统的阐发，题目是《能力本位论与当代中国发展》。《新华文摘》1997年第1期全文转载了这篇论文，之后又有八九家媒体报刊给予转载。从1992年以来，我着重从哲学角度，对能力问题的时代意义、能力概念、能力原则、能力理念、能力主义思维方式、能力建设、能本管理、能力社会和能力发展的一般规律、能力建设与当代中国发展等，进行了系统的研究。我先后在《中国社会科学》《天津社会科学》《教学与研究》等刊物上发表了30多篇关于能力和能力建设问题的专题学术论文，出版了多部关于能力和能力建设问题的学术专著。

"能力本位论"是具有原创性的思想成果。如何确立当代中国发展的核心理念？归纳起来目前大致有两种思路，一是"西化思维"，即"向外看"，通过比较中西社会历史发展及文化理念的变迁，以西方现代化进程为标准，发现我们的不足之处，通过"缺什么补什么"来确立指导当代中国发展的核心理念;二是"返古思维",即"向后看",重在强调与挖掘中国传统文明的精华,通过"弘扬优良传统"以指导当代中国的现代化进程。我的致思取向不同于这两种思路,认为推进当代中国发展是当代中国人自己的事,破解"中国问题"需要"中国理论"。由是,针对血缘本位、权力本位、关系本位、金钱本位等思想观念,我提出"能力本位论"这一创新理论。我的"能力本位论"的研究成果都是集中论证"能力本位是当代中国发展的核心理念,中国的制度、体制、机制、组织与文化的创新应围绕能力本位理念来进行"这一核心论题的。如果依据一种理论的来源与根据而把它的形成路径分为"论从经出""论从史出"和"论从实出"的话,那么我提出的"能力本位论"则属于典型的"论从实出"。实际上,任何理论和学说都来自对一定"文本"的解读,而人们的现实生活世界则是一切解读的最终文本。

"能力本位论"具有重要的实践意义。北京电视台曾开办一个主要是针对高考落榜生的节目,就把"能力本位"作为栏目的一个理念,并在节目现场的背景墙上写上"能力本位"四个字,以此激励高考落榜生;时任南京市地税局原局长戚鲁发现了我的《能力本位》一书,读过之后感到书中讲的观点很有道理,认为能力本位理论可以作为南京市地税局人力资源开发和能力管理的理论基础,就请我到南京市地税局讲能力本位理论。后来聘我为南京地税局的顾问,我用5年时间做了一个课题"能力管理与人力资源开发"。这个课题的最终研究成果提出了"能级管理"的观点。这个观点被国家税务总局所采用，也被我们国家的公务员制度改革所采纳。我提出的"能力本位论""能本管理论""能力社会建构论""能力建设论"和"能级改革论"等观点，一定意义上在中央提出的"以人为本的科学发展观""不断推进人的全面发展""提高自主创新能力""加强党的执政能力建设"和"建设创新型国家"的理念、思想和决策中得到了体现。

需要说明的是，我所讲的"能力本位"，是以政治过硬、注重道德为前提的。

◇ 四 深度现实关切：社会层级结构理论

2006年以来，我又从能力问题研究走向当代中国政治哲学研究，这里也存在着逻辑的必然：在人学研究中我发现，传统中国的某些政治行为常常使一些人不成其为人，丧失人性中许多美好的东西；在能力问题研究中我发现，我国政治领域中一定程度上存在的权力至上往往使一些人丧失先进性，使能力得不到充分发挥，也就是说，权力至上是使人不成其为人和实现能力本位的主要障碍；在对当代"中国问题"的哲学分析中我又发现，在中国传统社会以及现代社会，许多问题大都与政治因素、政治力量有关，政府权力对人们的生活具有广泛的渗透程度，它是一种决定人的生存方式或者说人的命运的力量，这种因素与力量，就是权力至上的、自上而下的"金字塔式"的传统社会层级结构。这样，我便走向对当代中国政治哲学的研究，试图用能力本位取代权力至上，用我的人学理论、能力理论来建构我的政治哲学。其代表作是《社会层级结构理论》。

目前中国的政治哲学研究有三种代表性观点。第一种以黑龙江大学的一些学者为代表，他们强调当代中国应建构微观政治哲学，研究内在于所有社会活动层面和日常生活层面的弥散化的、微观化的权力结构和控制机制，关注日常生活实践，主张在生活风格、话语、躯体、性、交往等方面进行革命，以此为新社会提供先决条件，并将个人从社会压迫和统治下解放出来。[1] 第二种是以王南湜教授为代表，他提出要建构一个现实性的马克思主义政治哲学。就是说，政治哲学既有理想性的维度，也有现实性的维度，而当今中国的政治哲学应该解决中国的现实问题，并以现实人的理解为立足点来建构中国的政治哲学。第三种观点是我所倡导的，即由权力本位的政治哲学走向能力本位的政治哲学，最终的使命就是使政治人在政治行为中真正成其为人。[2] 我在《社会层级结构理论——面向"中国问题"的政治哲学》[3] 一文中具体阐释了我的"社会层级结构理论"。这一理论实际上可以成为分析解释当代中国问题的一种框架，诸如权力的市场化、转变经济增长方式的障碍、权力对权利的某种背离、政府职能的越位和缺位、本领恐慌等问题，都可由传

---

[1] 衣俊卿：《论微观政治哲学的研究范式》，《中国社会科学》2006年第6期。
[2] 刘景钊：《从人学研究走向当代中国政治哲学理论建构——韩庆祥教授访谈录》，《晋阳学刊》2007年第3期。
[3] 韩庆祥：《社会层级结构理论——面向"中国问题"的政治哲学》，《中国社会科学》2009年第1期。

统社会形成并残留下来的自上而下、逐级管制的"金字塔"式的传统社会层级结构及权力运作体制来解释。为解决这些问题，我还提出了在坚持中国共产党领导下的"公正为基三维制衡的能力主义"理论，这一理论包含两个层面的内容：第一，确立当代中国政治哲学的核心理念，改造官本位的政府权力运作体制：公正为基的能力主义；第二，改造社会层级结构：三维制衡论。

◇ 五　回归本质属性：马克思主义整体性研究

透过上述学术历程及其理论成果可以看出，在我的学术研究中，哲学、人学、能力问题和政治哲学研究这四个主题，是依次递进而又相互缠绕、内在相关的，也是彼此理解的，它们构成了我的学术研究历程的完整逻辑。如果用一句话来概括我的学术逻辑，我认为就是回归马克思主义的本质及其属性。所以，2009年以来，我的学术研究就以马克思主义整体性为新起点，重新对马克思开辟的哲学道路和马克思主义的内在结构、理论形态进行反思和理解，这里体现了我"回归原典，返本开新，把哲学命运和中国命运连在一起"的治学理念。

马克思主义哲学的发展必须基于马克思哲学的本性，马克思主义哲学的创新不能偏离马克思开辟的哲学道路。我国理论界对马克思哲学进行了广泛而深入的研究，并取得了一定的成果，但是对于马克思哲学的内容和本质仍然存在着争议。比如同样解读马克思哲学革命的实质，学术界就存在着辩证唯物主义和历史唯物主义统一的科学世界观、广义的历史唯物主义、实践哲学、各部门哲学隐含的独特理解、生存论解读、现代性批判与本体论批判的出场路径解读等不同观点。我在攻读硕士学位和博士学位期间，曾从实践生成论的路径解读马克思哲学。通过多年来在理论与现实的互动中不断地"回到马克思哲学本性的基地上探寻哲学发展之路"，以及回归马克思主义的本质及其属性，我对马克思哲学与马克思主义有了新的解读思路，即从"形态学"角度对马克思哲学与马克思主义进行整体性解读。通过重新理解马克思哲学与马克思主义，我认为在马克思、马克思哲学与马克思主义那里，其理论体系主要呈现为三种形态，即学理形态、政治形态和大众形态。国内学术界对于马克思哲学、马克思主义的内容与本质的诸种争论，一定程度上就在于没有完整地理解马克思哲学、马克思主义的三种形态，往往"抓住一点，不及其余"。

"马克思哲学的三形态理论"是我的又一原创性理论。[①] 在我看来，今天，无论从哪个角度看，都应该对马克思主义哲学的发展进行清理与总结。这种清理与总结，首先需要从弄清马克思哲学的真实的完整结构开始。因为作为马克思主义哲学的主要创始人，马克思的哲学以一定方式影响着整个马克思主义哲学的发展进程。马克思哲学分析和解决的"总问题"，是批判资本占有劳动并控制社会的逻辑，实现无产阶级解放。马克思哲学围绕这一时代性问题进行

[①] 韩庆祥、张艳涛：《马克思哲学的三种形态及其历史命运》，《中国社会科学》2010 年第 4 期。

探索，形成了大众形态、学理形态和政治形态三种有机统一的基本形态。然而，在马克思以后的马克思主义哲学发展的历史进程中，却呈现出不同的演变和命运。马克思哲学的三种基本形态在当代中国的命运可概括为：大众形态得以倡导，但没有真正实现；学理形态强劲，但疏离政治和大众倾向较为明显；政治形态突出，但需进一步赢得学理支持和大众认同。当代中国马克思主义哲学研究要健康发展，不仅要廓清马克思哲学的完整图像，而且要营造马克思主义哲学研究的可持续发展的"生态环境"，从而推动大众形态、学理形态与政治形态的良性互动。

　　弄清马克思哲学的三种形态之后，我便进一步从对马克思主义进行"结构分析"经"形态分析"，最后走向"整体分析"，即研究马克思主义的整体性。在不同人的心目中，会有不同理解的马克思主义。有经济决定论的马克思主义，有人道主义的马克思主义，有讲阶级斗争的马克思主义，有讲人的自由全面发展的马克思主义，有讲历史规律的马克思主义，有讲人的主体性的马克思主义，等等。在马克思主义发展历程中，马克思主义被有些人肢解了。这种肢解损害了马克思主义的形象，动摇了一些人对马克思主义的信仰。原本是站在大众立场、维护大众利益、为大众立言、为大众提供现实智慧的马克思主义，怎么反而被一些民众疏离，没有入心、入脑呢？马克思主义究竟是一个什么样的马克思主义？我认为，马克思主义本来是一个整体。这就需要运用"整体性"的视野和方法来看待马克思主义。

　　整体性，是马克思主义的一个本质属性。这种整体性具体包括

"形成"的整体性、"主题"的整体性、"理论"的整体性、"发展"的整体性和"叙述"的整体性。这几种整体性构成一个严密的逻辑结构：第一是"形成"的整体性。德国古典哲学、英国古典政治经济学和空想社会主义是马克思主义的三个基本来源。然而，德国古典哲学多注重"天上"的"形上"思辨，对"地下"的现实生活缺乏具体经济学的分析；英国古典政治经济学虽然注重对"地下"的现实生活作经济学分析，但缺乏哲学上的"形上"思考；空想社会主义既对社会现实缺乏具体的经济学分析，也缺乏科学的世界观和方法论支撑。马克思主义既继承德国古典哲学、英国古典政治经济学和空想社会主义的合理成分，又以一种整体的视野超越它们的局限，把唯物史观、政治经济学和科学社会主义整合在一起，创立了马克思主义，其中的科学社会主义就是建立在唯物史观和剩余价值学说基础上的。马克思主义"形成"中的整体性在《德法年鉴》体现出来了。第二是"主题"的整体性。马克思主义形成的起点、确立的基点和实践的落脚点，始终是围绕无产阶级解放和人的自由全面发展这一主题展开的，这是一个具有总体性的主题。这样的整体性在《1844年经济学哲学手稿》等著述中体现出来了。在《莱茵报》工作期间，马克思极力维护穷苦人民的利益；在《德法年鉴》中，马克思把哲学看作无产阶级解放的精神武器和"头脑"；在《1844年经济学哲学手稿》中，马克思十分关注工人阶级的生存处境与发展命运；《共产党宣言》实质上就是追求无产阶级解放和人的自由全面发展的宣言书；马克思把《资本论》看作工人阶级的"圣经"。第三是"理论"的整体性。马克思主义整个理论都是围绕无产阶级解放和人的自由全面发展这一主题展开的,其理论的整体性主要体现为"科学与价值的统一""历史规律与人的主体性的统一""经济决定论与人道主义的统一""经济社会发展与人的发展的统一""理想与现实的统一"等。这样的整体性在《共产党宣言》《政治经济学批判序言》(1859年)和《资本论》中体现出来了。第四是"发展"的整体性。马克思主义理论有一个发展过程,虽然在不同时期有不同侧重,但一定要把其理论发展过程统一起来作完整理解,即在发展过程中体现出整体性。理解这样的整体性,应把早期马克思的思想和晚年马克思的思想统一起来、把从马克思以后的所有马克思主义经典作家的思想统一起来加以理解。马克思、恩格斯晚年所做的研究工作,实际上就是为了实现他们理论学说的完整性。这样的整体性在恩格斯《晚年历史唯物主义书信》中集中体现出来了。第五是"叙述"的整体性。马克思、恩格斯在阐述和叙述他们的理论学说时,是从唯物史观、政治经济学和科学社会主义的完整的有机统一方面进行的。唯物史观是科学的世界观和方法论,政治经济学是对现实生活世界的总问题进行的具体分析,科学社会主义是得出的结论。他们在叙述其理论学说时,虽然这三者担负不同的功能,但实际上构成一个整体,是同一整体的三个层面。这样的整体性,在恩格斯的《反杜林论》中体现出来了。

  基于上述观点,我认为,今天谈论马克思主义的整体性的主要目的,一是澄清马克思主义发展历程中出现的对马克思主义的种种误解和肢解,这些误解和肢解都是从马克思主义的整体性中把某一元素独立出来并加以肢解和放大的结果;二是强调我们坚持的马克思主义是作为整体性的马克思主义，而不是被肢解的马克思主义；三是要具有明确的自觉意识，即要通过完整地研究"中国总问题""完整的现实"（或联系发展着的现实）来发展马克思主义，开辟马克思主义研究的新道路。

这方面的研究的代表作是在《哲学研究》2012年第8期、第9期连续发表的《论马克思主义的整体性》（上）（下）。

◇◇ 六　用学术讲政治：习近平新时代中国特色社会主义思想研究

传统的社会层级结构之积极作用，是有利于举国力解难题、办大事、加速度；也具有一定的历史局限，就是易产生腐败现象以及"四风"。如何既保留其解难题、办大事、加速度的积极作用，同时又克服其易产生腐败以及"四风"等历史局限？解决这一问题的答案，就交到了以习近平同志为核心的党中央手中。党的十八大以来，以习近平同志为核心的党中央从全面从严治党入手，积极主动地重拳出击反腐败，反对"四风"，这实际上是力求克服传统的社会层级结构的历史局限；同时又积极主动对"举国力解难题、办大事、加速度"实行创造性转化和创新性发展，强调"党政军民学、东西南北中，党是领导一切的"。不仅如此，马克思主义中国化的所有理论创新成果都具有整体性，尤其是习近平新时代中国特色社会主义思想，更具有整体性。于是，自2012年党的十八大以来，我以学术的视角，来研究习近平治国理政思想。党的十九大之后，依据中央文献规定，我从学术角度，研究习近平新时代中国特色社会主义思想。

我在这方面的研究，具有以下几个特点。

一是首先搞清楚习近平新时代中国特色社会主义思想的立论基础。即是在什么样的历史方位为解决什么样的根本问题而产生、形成的。可以说，这是研究习近平新时代中国特色社会主义思想必须首先要弄清楚的问题，不弄清这一问题，就谈论习近平新时代中国特色社会主义思想，就会使你的研究陷入"无源之水、无本之木"的境地，更不用说去理解和把握习近平新时代中国特色社会主义思想的精神实质和思想精髓了。可以说，今天一部分研究成果都忽视了这一点，并没有把"新的历史方位""解决我国发展起来以后使大国成为强国的问题"这一理解和认识贯穿彻底。经过我的长期思考，我以为确清了这一问题，这就是：习近平新时代中国特色社会主义思想，从根本上、总体上是解决"我国发展起来以后"的问题的；我国发展起来以后的问题很多，其中最根本、最核心的，是使大国成为强国的问题，用党的十九大报告的话来讲，就是实现强起来（迎来从富起来到强起来的伟大飞跃）的问题，用大众化的语言，就是解决"大而不强"的问题。习近平新时代中国特色社会主义思想的所有内容，都是致力于解决这一根本问题的。关于这些理解和认识，我在《人民日报》2016年6月1日发表的《党中央治国理政新理念新思想新战略形成的时代背景》和2017年10月20日在《人民日报》发表的《新时代：我国发展新的历史方位》文章中，在国内学术界、理论界，首次明确提出了这一观点。我在《中国社会科学》（内刊）2016年第1期发表的《论习近平治国理政思想》，更是对这一观点的充分展开和理论论证。

二是搞清楚习近平新时代中国特色社会主义思想中的主题和主线的关系，即中国特色社会主义和中华民族伟大复兴之间的关系，并力求贯穿彻底。毫无疑问，坚持和发展中国特色社会主义，是改革开放以来我党全部理论和实践的主题，习近平新时代中国特色社会主义思想也是围绕这一主题而展开的、发展的，形成思想体系的。问题在于：习近平同志是围绕"什么"来进一步坚持和发展中国特色社会主义进而谱写中国特色社会主义新篇章的？这就是"主线"问题。"主线"与"主题"既有联系也有区别。正像写"我的母亲"是主题，而围绕"善良"来写我的母亲，即"善良"就是主线一样。显然，邓小平主要是围绕着"富起来"来坚持和发展中国特色社会主义的，而习近平同志主要是围绕"实现强起来"（实现中华民族伟大复兴）来坚持和发展中国特色社会主义进而谱写中国特色社会主义新篇章的。由此，我总是把坚持和发展中国特色社会主义与实现中华民族伟大复兴放在具有内在逻辑关系的框架中来谈，先谈坚持和发展中国特色社会主义，马上接着从逻辑上来谈实现中华民族的发展。不仅如此，我还认为，应当把这两个问题及其内在逻辑关系，贯穿习近平新时代中国特色社会主义思想的全过程、各方面。党的十九大报告就是这样来阐述的：第一部分谈中国特色社会主义进入了新时代，我国发展进入新的历史方位；接着第二部分就谈新时代中国共产党的历史使命，即实现中华民族伟大复兴。然而，理论界有些研究成果并没有认识到这二者之间的内在逻辑联系，也没有把这两个问题及其内在逻辑联系贯穿到习近平新时代中国特色社会主义的各个方面。

三是把"民族复兴"和"人民中心"并提，作为习近平新时代中国特色社会主义思想的"两大基石"，其地位之重要，要贯穿全过程、各方面。"民族复兴"是习近平新时代中国特色社会主义思想的历史使命（或奋斗目标），"人民中心"，是习近平新时代中国特色社会主义思想的价值取向（或根本立场）。这二者在习近平新时代中国特色社会主义思想中的地位是同等的，即是两大"基石"，所以，当今，我们正在开展"不忘初心、牢记使命"的主题教育；然而，二者也有区别，"民族复兴"侧重于历史维度，它是历史使命，"人民中心"侧重于价值维度，它是价值取向。不仅如此，我还认为应当把"民族复兴"和"人民中心"贯穿到习近平新时代中国特色社会主义思想的全过程、各方面，即贯穿彻底。然而，当今一些相关研究成果并没有完全将其贯穿彻底。

四是坚持从哲学上把"新发展理念"看作中国发展起来以后，在整合以往相关思想资源的基础上提出来的，是管全局的、管根本的、管长远的，它是大国成为强国的根本之道。目前一些研究成果并没有从理论自觉上清醒地认识到新发展理念是在我国发展起来以后使大国成为强国即实现强起来的历史方位中才提出来的，"历史方位论""民族复兴论"没有贯穿彻底；一些研究成果往往把新发展理念仅仅看作经济领域的新发展理念，并没有自觉地把新发展理念看作管全局的，没有认识到贯彻落实新发展理念是关乎"我国发展全局"的一场深刻变革；一些研究成果没有充分认识到新发展理念是管根本的，贯彻落实新发展理念将会引起我国发展全局的一场"深刻变革"。

五是力求理清"总体布局"和"战略布局"之间的关系。我的理解是："五位一体"总体布局先提出，它在本质上讲的是全方位实现社会主义现代化的总框架，其目标是全面建成富强、民主、文明、和谐、美丽的社会主义现代化强国。问题是：如何统筹推进"五位一体"总体布局？解决这一问题，习近平同志提出了协调推进"四个全面"战略布局。这就是说，"四个全面"战略布局不是游离于"五位一体"总体布局之外的，而是存在于"五位一体"总体布局当中的，它是存在于"五位一体"总体布局当中的根本、核心、抓手、"牛鼻子"，也就是说，我们要紧紧扭住"四个全面"战略布局，来统筹推进"五位一体"总体布局。总体布局和战略布局二者的关系是"全面和重点的关系""全方位和核心的关系""总框架和牛鼻子的关系"。目前理论界对这二者之间的关系还缺乏应有的研究，因而需要深化。

六是认为改革归根结底主要是解决影响中国发展命运的三大"根本性"问题，即经济社会发展的动力、经济社会发展的平衡、经济社会发展的治理，从哲学上提升，就是解决三大根本机制的问题，即动力机制、平衡机制、治理机制。我们强调，问题倒逼改革。那么，这里的问题既有一般性的问题，也有影响中国发展命运的根本性问题。影响中国发展命运的根本性问题到底是什么？现有研究成果并没有说清楚这一问题。依据我国社会基本矛盾发展状况，总结我国改革开放40多年的实践经验，我认为主要是上述我所讲的三大根本性问题。

七是认为习近平新时代中国特色社会主义思想蕴含着正在形成的中华新文明。古代中国属于"辉煌中国"，形成了中华文明；近代中国沉沦为"没落中国"，与此同时，中华文明也由此"失落"。进入21世纪的当代中国正致力于全面建成社会主义现代化强国、进而实现中华民族伟大复兴，中国也正在日益走近世界舞台的中央。这不仅意味着中华文明也必然随着实现中华民族伟大复兴而重新复兴，也意味着当今世界在由民族历史走向世界历史的进程中，中华文明原本具有的"兼济天下""协和万邦""世界大同"的天下意识、世界情怀经过创造性转换和创新性发展，能为当今世界贡献中华新文明。

其实，习近平新时代中国特色社会主义思想已经蕴含着这种"中华新文明"，这就是习近平提出的构建人类命运共同体思想。进入21世纪，西方文明开始受到了挑战，2008年国际金融危机的爆发，更是把世界推入乱象丛生的境地。当今世界，人类面临困扰人类生存与发展的一系列全球性难题。习近平同志指出，当今世界经济存在的三大突出矛盾都未得到有效解决：一是全球增长动能不足，难以支撑世界经济持续稳定增长；二是全球经济治理滞后，难以适应世界经济新变化；三是全球发展失衡，难以满足人们对美好生活的期待。这些困境，在经济领域体现为实体经济不振，在政治领域体现为调节无力，在社会领域体现为贫富差距加大，在意识形态领域体现为普世价值的虚伪性暴露。这意味着影响世界发展的动力、平衡、治理三大根本机制出了问题。其深层根源,是西方文化过度强调了主体主宰、统治客体的主体性。西方中心论是西方文化的逻辑起点,这是导致世界困局的理论根源。自由主义是西方文明的精神支柱,这是导致世界困局的人性根源。资本扩张是西方文明的行动旨趣,这是导致世界困局的制度根源。如此来看,作为世界困局之始作俑者,西方文化难解当今世界困局,西方中心论、历史终结论终要破产,人类呼唤新理论新文明。

习近平同志以大国担当的勇气和自信,提出构建人类命运共同体这一具有战略意义和世界意义的思想。其核心要义是:它强调世界既具有多样性又具有统一性,超越了西方的"别无选择论"(世界观);它强调国家平等,超越了"西方中心论"(国家观);它强调文明互鉴,超越了"文明冲突论"(文明观);它强调包容发展,超越了"西方模式论"(发展观);它强调互利普惠,超越了"你输我赢论"(义利观)。习近平同志的人类命运共同体思想之实质,就是避免"修昔底德陷阱",追求合作共赢、和平发展。这实际上也是中国为解决人类问题贡献的中国理论和中国方案,也蕴含着正在形成的中华新文明。

八是把习近平同志建党的重要论述之精神实质和本质特征理解为"强党"。当今中国共产党已经是世界上最大的政党。习近平同志强调:大党就应该有大党的样子。这个"样子",实际上就是要把中国共产党由大党建设成为强党。"强党",是习近平同志关于党的建设重要论述的本质特征。习近平同志关于党的建设重要论述内涵丰富,关键是要把握其五大核心要义,这五大要义都是指向"强党"。其一，强党建设总体思路：围绕"打铁必须自身硬"，即处理好改造客观世界和主观世界、客体和主体、"打铁"和"自身硬"的关系，来思考强党建设。其二，强党建设总体框架：围绕"四个伟大"推进强党建设。党的十九大报告强调指出："推进伟大工程，要结合伟大斗争、伟大事业、伟大梦想的实践来进行。"其三，强党建设的主体维度：党领导一切。党政军民学、东西南北中，党是领导一切的。党的十九大给党的建设以前所未有的地位，强调党领导一切并起决定性作用。这涉及哲学上的主客体关系。党领导一切，是说党是领导一切的主体，在中国特色社会主义建设中具有主体地位。其四，强党建设的客体维度：全面从严治党。打铁必须自身硬。党要把一切领导好，首先要把自身建设好。这就要勇于自我革命，刀刃向内，向自身所存在的问题开刀。全面从严治党，是说党是治理的客体，在中国特色社会主义建设中是被治理的对象。全面从严治党，既要把党的政治建设摆在首位，又要增强"八种本领"。这叫作"政治过硬、本领高强"。这里实际上讲的是"两个全面"，即全面领导一切和全面从严治党。其五，落脚点：要把党建设得更加坚强有力，把中国共产党建设成世界上最强大的政党，具有政党自信。只有做到上述"两个全面"，才能真正把中国共产党建设得更加坚强有力，也才能真正把中国共产党建设成世界上最强大的政党。显然，从"打铁必须自身硬"到"党是领导一切的"，从"全面从严治党"到"把中国共产党建设得更加坚强有力"，都可以看出，建设强大政党（强党），是习近平同志关于党的建设重要论述的实质。对这一点，我们在理解上还没有完全到位。

九是对习近平新时代中国特色社会主义思想的理论精髓给出新的理解和把握，这就是"实事求是、人民中心、知行合一"。目前理论界还没有就这一问题作深入的探究。我们认为，要深入理解和把握习近平新时代中国特色社会主义思想，就必须认识和把握其理论精髓。理论精髓，就是一个理论体系得以建构的立场、观点和方法。一个理论体系的基本内容，都是以理论精髓为基础的。既然对于一个理论体系而言，理论精髓最为本质、核心，它就必然是高度抽象、概括和凝练的，属于哲学层次，具有哲学规定性。要正确提炼习近平新时代中国特色社会主义思想的理论精髓，必须坚持文本依据、理论依据和现实依据的有机统一。概括习近平新时代中国特色社会主义思想的理论精髓，必须严格依据党的十八大前后尤其是党的十八大以来习近平同志系列重要讲话，此即文本依据；习近平新时代中国特色社会主义思想作为马克思主义中国化最新成果，必然体现马克思主义一以贯之的理论精髓、理论品格和价值追求，此即理论依据；社会存在决定社会意识，提炼习近平新时代中国特色社会主义思想的理论精髓，必须考虑在新的历史起点上实践发展的新要求，此即现实依据。只有在著述文本、理论传统和实践要求三者的统一中，习近平新时代中国特色社会主义思想的理论精髓才能得到科学而规范的概括。

我们把其理论精髓概括为"实事求是、人民中心、知行合一"。实事求是，侧重于事实维度。习近平同志多次予以强调。在2013年12月3日中央政治局第十一次集体学习的讲话中，习近平同志指出："社会存在决定社会意识。我们党现阶段提出和实施的理论和路线方针政策,之所以正确,就是因为它们都是以我国现时代的社会存在为基础的。党的十八届三中全会对我国全面深化改革做出了总体部署,是从我国现在的社会存在出发的,即从我国现在的社会物质条件的总和出发的,也就是从我国基本国情和发展要求出发的。"人民中心,侧重于价值维度。在新的历史起点上,习近平同志进一步从哲学高度,多次强调中国共产党人这一矢志不渝的价值理念,对之做出了体现时代、实践发展新要求的创新性诠释,明确提出以人民为中心的发展思想。知行合一,侧重于实践维度。只有坚持实事求是和人民中心的有机统一,才能达到对事物真正的"知",而"知"的目的在于"行"。马克思主义是科学性与实践性的有机统一。科学性,强调的是知,即对事物的本质、发展规律、历史逻辑的真理性认识,使主观世界能更好地认识客观世界;实践性,强调的是行,即通过实践,在改造主观世界的同时更好地改造客观世界。特别是对于"行",马克思主义给予特殊强调和关注。习近平同志多次强调在"知"的前提下的刚性执行力。他说:"'知'是基础、是前提,'行'是重点、是关键,必须以'知'促'行'、以'行'促'知',做到知行合一。"他不仅强调要通过实践认识和把握规律,"坚持实事求是,就要不断推进实践基础上的理论创新",而且更为强调"空谈误国,实干兴邦""实干才能梦想成真""关键在于落实""踏石留印、抓铁有痕""久久为功"。

"实事求是、人民中心、知行合一"三者之间并非任意选择和组合,而是具有严谨清晰的内在逻辑,体现了多个维度的有机统一。首先,体现了合规律性与合目的性的统一。这是马克思主义哲学最根本的世界观和方法论。实事求是注重的是合规律性，是事实维度，人民中心注重的是合目的性，是价值维度。把实事求是和人民中心作为理论精髓，表明习近平新时代中国特色社会主义思想体现了合规律性与合目的性的统一，体现了事实维度和价值维度的有机统一，体现了"是什么"与"应如何"的有机统一。其次，体现了认识世界与改造世界的统一。这是马克思主义哲学的根本功能。如果说实事求是、人民中心，揭示的是习近平新时代中国特色社会主义思想之合规律性与合目的性有机统一的理论逻辑，那么，知行合一，注重的是认识世界与改造世界的统一，知与行的统一，理论与实践的统一，特别突出了实践维度，体现了马克思主义哲学的实践品格与现阶段实现现代化和民族复兴的迫切要求。最后，体现了历史逻辑与现实逻辑的统一。这是马克思主义哲学最根本的时间视野。应当说，实事求是、人民中心、知行合一的理论精髓，就其表述而言，并不是全新的。在中国共产党的历史上，这些理念，或者早就明确提出，或者有不同表述，或者有所涉及。在新时代，理论精髓也必然会具有新的提炼、新的概括、新的针对性和新的侧重点。总之，把实事求是、人民中心、知行合一作为理论精髓，既可以深入理解习近平新时代中国特色社会主义思想对马克思主义中国化已有理论成果一脉相承的内在统一关系，也可以凸显习近平新时代中国特色社会主义思想与时俱进的时代特征，从而体现了习近平同志推进理论创新之历史逻辑与现实逻辑的统一。

把"实事求是、人民中心、知行合一"作为习近平新时代中国特色社会主义思想的理论精髓，不仅具有重要的历史价值，也具有重要的理论价值和实践价值。就历史价值而言，习近平新时代中国特色社会主义思想之所以能成为马克思主义中国化最新成果，是对中国特色社会主义理论体系的突破性发展，根本原因之一在于它以"实事求是、人民中心、知行合一"为思想精髓。"实事求是、人民中心、知行合一"，使得习近平新时代中国特色社会主义思想具有历史的逻辑。人民中心，始终是中国共产党的价值追求。习近平同志在新的历史条件下赋予其更具针对性和时代性的内涵。在决胜全面建成小康社会阶段，以人民为中心思想的确立，对于全面深化改革和深入推进发展具有极为重要的价值导向意义，有利于更加广泛地凝聚全党全国人民的共识、力量，以实现既定的宏伟目标。知行合一作为理论精髓，更是凸显了习近平新时代中国特色社会主义思想的针对性和开拓性。科学认识世界固然不易，有效改造世界更是艰难。针对当前改革中利益固化、为官不为等问题，对责任、使命、担当、落实、践行的强调，彰显了习近平新时代中国特色社会主义思想与时俱进的历史价值。就理论价值而言，习近平新时代中国特色社会主义思想是一个系统完整的科学体系，具有严谨的理论逻辑与系统的理论框架，而无论是理论逻辑还是理论框架，都贯穿着"实事求是、人民中心、知行合一"的理论精髓，这就使习近平新时代中国特色社会主义思想具有相当坚实的基础。只有具有哲学高度和深度，才能更好认识和把握习近平新时代中国特色社会主义思想的深刻性、逻辑性、系统性、创新性和前瞻性，真正彰显习近平新时代中国特色社会主义思想的理论价值。就实践价值而言，党的十八大以来的实践创新，实际上就是"实事求是、人民中心、知行合一"这一理论精髓的体现。习近平新时代中国特色社会主义思想，是基于对当今世情党情国情民情的正确认识而提出的，治国理政实践，是基于对中国发展现状的深入把握而展开的。习近平同志在庆祝中国共产党成立95周年大会上明确指出：我国仍处于并将长期处于社会主义初级阶段的基本国情没有变，我国是世界最大发展中国家的国际地位没有变。这是我们谋划发展的基本依据。这一基本依据，鲜明体现了实事求是的理论精髓。人民中心，为习近平治国理政实践明确了价值立场、提供了价值引领。无论是实现民族复兴，还是协调推进"四个全面"战略布局，习近平同志在各领域的实践，都充分体现了这一理论精髓。正如他所强调的："要着力践行以人民为中心的发展思想。人民为中心的发展思想，不是一个抽象的、玄奥的概念，不能只停留在口头上、止步于思想环节，而要体现在经济社会发展各个环节。"目标和思路确定之后，实践和实现最为关键。正是在这个意义上，习近平同志才强调"决不允许有令不行、有禁不止，决不允许在贯彻执行中央决策部署上打折扣、做选择、搞变通"。党的十八大以来，各项改革有序推进，各项规定有效落实，各项举措有力推行，以习近平同志为核心的党中央用行动和执行力向党和人民交上了一份满意的答卷。

十是要注重理解和把握习近平新时代中国特色社会主义思想的本质特征。经过研究，我认为其本质特征可总体上提炼概括为：政治首要：党的领导——市场配置——人民主体；历史思维：历史方位——奋斗目标——施政方略；哲学思维：哲学思维——顶层设计——凝聚力量；战略思维：把控方向——战略定力——充满自信；

智慧治理：发挥优势——补齐短板——打牢支点；世界眼光：人类问题——大国担当——中国方案；问题导向：主要矛盾——根本问题——工作重点；步骤安排：破解难题——建构秩序——唱响中国；根本机制：动力——平衡——治理；刚性执行：战略谋划——关键少数——落细落小；人民至上：实事求是——人民中心——知行合一。

◇◇ 七 追溯原点本源：走向研究中国道路及其本源意义之路

通过研究习近平新时代中国特色社会主义思想，我发现，习近平同志最为关注的是中国特色社会主义道路问题，他强调，道路问题是关系党的事业兴衰成败的第一位问题，道路就是党的生命，道路决定命运。"无论搞革命、搞建设、搞改革，道路问题都是最根本的问题。"于是，我便进一步走向从学理上研究中国道路及其本源意义之路。就是说，当今我又回到学术之路，来探究马克思主义、马克思主义哲学与中国问题的根本结合点——中国道路。

如前所述，迄今为止，我国理论界谈论道路问题，大多停留在政治层面，还没有真正深入到学术层面、学理层面和理论层面，致使对中国道路，大多是熟知并非真知，知其然而不知其所以然。这就严重影响和限制着对中国道路的深入理解和把握。由是，从2015年起，我便注重从学术、学理与理论层面来深入研究中国道路问题。经过研究我们又发现：从学术、学理与理论层面来研究中国道路，具有十分广阔的学术研究空间，而且中国道路具有本源意义。马克思主义发展史，归根结底，从根本上是对道路探寻的历史；近代以降，中国的根本问题，是针对"中国向何处去"而选择一条正确的道路问题；马克思主义中国化历史发展的逻辑，核心是围绕中国道路这一主线展开的；中国共产党历史发展的逻辑、新中国历史发展的逻辑，其底色和本质是追寻正确的中国道路；改革开放历史发展的逻辑，从根本上就是探究实现社会主义现代化发展之正确道路的逻辑；中国道路具有世界历史意义，它具有历史性贡献、引导性贡献、发展性贡献、文明性贡献和理论性贡献。基于这些认识和理解，2017年，我们出版了《中国道路能为世界贡献什么》。一经出版，就在学术界、社会上与出版界产生较大影响。2019年初，中央党校成立"中央党校专家工作室"，任命我为中央党校专家工作室领衔专家。于是我马上组织研究团队，从学术、学理与理论上聚焦研究"中国道路及其本源意义"，研究"中国奇迹—中国道路—中国理论—中国方案—中国话语"，力求用中国道路解释中国奇迹，用中国理论阐释中国道路，用中国方案彰显中国奇迹、中国道路、中国理论，用中国话语表达中国理论，以此来构建"五维中国论"，把"五维中国"理解为紧密联系、相互贯通、相互作用并具有严密逻辑联系的一个有机整体。这一思路及其研究成果赢得了全国学术界、理论界的大力支持，我们分别与厦门大学、南开大学、兰州大学、《前线》杂志社及德方举办了7次学术研讨会，产生了社会影响和学术影响。

"中国道路及其本源意义"的学术研究永远在路上。今后,我将紧紧抓住近十年学术研究的"黄金期",矢志不渝地就这一课题继续深入研究下去,力争取得更好的学术研究成果,把精品力作奉献给人民,贡献于学术界。